# 素描

——中國現當代作家印象

陳子善 著

# 自序

　　素描，本是一個美術名詞，按《辭海》的解釋，有兩層意義，一是「繪畫的一種。主要以單色線條和塊面來塑造物體形象，水平較高的素描畫有獨立的藝術價值」；二是「繪畫術語。造型藝術基本功之一，以鍛煉觀察和表達物象的形體、結構、動態、明暗關係為目的」。二者既有區別，又ㄅ有聯繫。這本小書之所以取名「素描」，正是從這二層意義，尤其是從前者引申而來的。換言之，是對我所認識的若干位中國文壇的前輩和同代人的「素描」，故名之曰《素描──中國現當代作家印象》。

　　我不止一次地對我的學生說過，我很幸運，走上中國現代文學研究道路之始，恰逢一個承上啟下的特殊時期。因緣際會，我與許許多多現代作家和學者建立了友誼，或曾親炙風采，或曾通信請益，儘管交往有深有淺，看法有同有異，但他（她）們都給我留下了難忘的印象。現在，年長一點的，大部分已隱入歷史；年輕一點的，仍活躍在中外文壇上。我的「素描」，只記下了我所感受到的他們的音容笑貌，我所體會到的他們的道德文章的某些側面。而且，只能是某些側面，絕

不是全面評價，深入闡述，這是文學史家的論題，我則只有「素描」而已。

當然，想借此發掘一些鮮為人知的文壇史實，提供一些中國現代文學史研究的線索，這樣的野心也是有的。所以，《素描》又不僅僅是「素描」，也還有些考證，有些評說，有些探幽發微，效果如何，自己也沒有把握，還要期待讀者的檢驗。

書分輯一、輯二。輯一是對已經作古的前輩和友朋的懷念。其中憶林淡秋、薛綏之、郁天民先生等篇是八十年代的舊作，以前編集時漏收的。〈「批判馬克思主義」的十四行詩——孫大雨的〈獄中商乃詩四首〉〉原發表於香港《明報月刊》，是無法在大陸編集入書的。輯二是對健在的海內外前輩和同代人的繪描。我曾戲稱自己不是與已經去世的前輩「打交道」，就是與已屆古稀之年的前輩打交道，與當代文學界接觸其實很少。二〇〇三年歲末，《上海電視》的年輕編輯約我撰寫當代作家「素描」，而且指定要在大陸普通讀者群中有一定知名度的海內外當代作家，著實使我為難，硬著頭皮寫了五、六篇就無以為繼了。其中寫台港作家的篇什經過修改補充交西安《美文》重刊，同時又新寫了數篇。「附錄」三篇所談的周瘦鵑、陸小曼和陳逸飛，我不可能認識或有可能卻未能識荊，但又都與我有些間接的關聯，故也一併收入，錄以備考。

我的第一本散文集《生命的記憶》（一九九八年八月上海教育出版社初版）中，已有二十多篇懷人憶事文字，記下了我對葉聖陶、劉延陵、鄭逸梅、許欽文、趙景深、盛成、胡風、錢鍾書、唐弢、李輝英、溫梓川等文壇前輩的念想。在學術隨筆集《海上書聲》（二〇

二年五月南京東南大學出版社初版）中，也有對冰心、趙家璧、馮亦代等前輩的紀念文字。因此，這本小書可以說是《生命的記憶》和《海上書聲》的續集，是新的「生命的記憶」。這項我自以為有價值、有意義的工作，今後仍將繼續。我想寫還沒來得及寫的接觸過的文壇學界前輩，還有很多位，他們在我的治學生涯中都曾給過我提示，給過我幫助，有的還過從甚密，我向他們當中的不少位執弟子禮。他們雖已謝世，我不應也不會忘記他們：

鄭伯奇、宗白華、許傑、江靜之、沈從文、鄭超麟、陳學昭、李霽野、孫席珍、馮至、羅念生、許幸之、李俊民、吳組緗、卞之琳、韓侍桁、李長之、蕭幹、常風、蒯斯曛、任鈞、艾青、臧克家、徐詩荃、陳企霞、徐鑄成、楊苢豪、錢君匋、馬國亮、趙銘彝、聶紺弩、蕭軍、駱賓基、胡考、黃源、柯靈、蔣錫金、陸詒、朱雯、孔羅蓀、王西彥、戈寶權、趙清閣、金克木、潘子農、周黎庵、譚維翰、陶亢德、無名氏、隋樹森、張中行、范泉、董樂山、吳奔星、田仲濟、林辰、楊霽雲、陳瘦竹、王瑤、陳從周、唐振常、高伯雨、魏紹昌、鄧雲鄉、陳瘦竹、吳德鐸、柳門（以上均曾拜訪或見面，有幾位還有同事之雅）。

顧一樵、周全平、劉思慕、徐遲、常任俠、草明、吳秋山、王餘杞、南星、謝興堯、趙瑞蕻（以上未曾謀面，但均有通信聯繫）。

這麼多閃光的名字，足以組成半部中國現代文學史和中國當代文學史的一部分了。

為自己的書起個別致的耐人尋味的書名，是每個作者的心願。記得每次與香港散文家董橋先生見面，我總要問他下一部集子的書名。俗話說「老婆是別人的好，文章是自己的好」，我反其意而用之，總有「書

名是別人的好」之感。這本小書起名「素描」，開始還有些自鳴得意，後來才想起這書名前人早用過了。上個世紀有「錢封面」美稱的新文學書刊裝幀設計家錢君匋先生在一九三一年就出版過散文集《素描》。好在他老人家寬厚，泉下有知，當不會責怪我襲用了他的書名罷。

承蔡登山兄和臺灣秀威資訊科技股份有限公司的美意，這本《素描——中國現當代作家印象》有幸出版繁體字本。十五年前，我的第一本自己寫的書《遺落的明珠》就是在臺灣出版的。十五年後的今天，《素描——中國現當代作家印象》又要在臺灣問世了，希望這本新的小書，也為臺灣讀者所喜歡。

謹向為拙著的出版付出辛勞的蔡登山兄、徐崎立女士、黃姣潔小姐和我的博士生王宇平小姐、王瓊小姐深致謝忱。

是為序。

陳子善

二〇〇六年十一月二十八日初稿於飛往義大利途中，十二月七日修改於佛羅倫斯「高爾基旅舍」。歷史名城佛羅倫斯，徐志摩譯作「翡冷翠」，確是神來之筆。他為佛羅倫斯留下了〈翡冷翠的一夜〉、〈翡冷翠山居閒話〉等優美詩文。而今我來佛羅倫斯，山水依舊，風物依舊，卻早已物是人非，難覓徐志摩當年蹤跡矣。二〇〇七年十月十日再定稿於上海梅川書舍。

# 目錄

素描

懷念篇

# 四見文學巨匠

## ——追憶巴老

二〇〇五年十月十七日，作為中國一代知識份子的代表，巴金老人終於走完了一百年漫長、曲折而又輝映二十世紀中國文壇的人生旅程，與世長辭了。在現代文學史定格的這一悲痛時刻，我不禁想起了與巴老的四次不尋常的見面。

回想首次見到巴金老人真是富於戲劇性和荒誕。那是一九六六年冬或一九六七年春，記不確切了，「文革」風暴正如火如荼，巴老早已被打成牛鬼蛇神中的「黑老K」，正在接受無休止的批鬥。我那時才讀高中二年級，卻已迷戀文學，也知道巴金是《家》、《春》、《秋》的作者，偷偷從中學圖書館偷出這幾本小說如饑似渴的讀過，雖然不可能完全讀懂，卻對作者充滿了好奇。那天與兩位趣味相投的同學一起去巨鹿路上海作協看大字報，沒想到作協大廳裏一位正在懸掛揭發「黑老K」大字報的老人正是巴金本人！他是那麼認真、那麼專注，目不

斜視、面無表情的一張一張掛著，掛著。我們三人遠遠望著他，我心裏很不是滋味，多和藹可親的一位老人啊，怎麼會是罪行累累的「反黨作家」呢？中學生的我實在想不明白，當然也無從體會老人家當時內心的痛苦。二十多年後，我已成為上海作家協會的會員，多次到早已修繕一新的作協大廳開會，腦際還會不時浮起當年在那裏首次見到巴老的情景。

待到第二次與巴老見面，則是粉碎「四人幫」後的一九七七年了。我已是大學中文系教師，為注釋魯迅書信，有些問題要向他老人家請教。記得那天上午按約定時間到武康路巴老寓所，老人家已在客廳等候我們了。談話進行了近一個小時，巴老說話聲音不大，緩慢而有力，但

---

### 巴金谈《中国文艺工作者宣言》起草经过及其他

《中国文艺工作者宣言》是我和聂绀弩文起草的。当时《中国文艺家协会宣言》已经发表，鲁迅、黎烈文、黄源和我都没有签名。有人认为我们也应该发一个宣言，表示我们的态度。这样，就由我和聂绀弩文分头起草宣言，第二天见面时我把自己起草的那份交给聂绀弩文。鲁迅当时在病中，黎烈文拿着两份宣言草稿去征求鲁迅的意见，在鲁迅家中把它们合并成一份，鲁迅在宣言定稿上签了名。因此，正式发表的宣言很可能经过鲁迅的修改，但鲁迅到底怎样修改的，我就不清楚了。我只记得《宣言》中"一只残酷的魔手扼住我们的咽喉，一个窒闷的暗夜压在我们的头上，一种伟大悲壮的抗议横在我们的面前"等语是我草稿中的原话，我在别的文章中也这样说过①。《宣言》经鲁迅签名后，就抄写了几份，以《作家》《译文》等杂志社的名义分头去征求签名，胡风也去找他熟识的人签名。然后在《作家》《译文》《文学丛报》等刊物上同时发表。《宣言》发表以后，并没有开展什么活动。

至于 1936 年 5 月 3 日《鲁迅日记》载："译文社邀夜饭于东兴楼，夜往集者约三十人"，是上海杂志公司为《译文》复刊请客，由黄源出面邀请，这是当时书店与作者联系的一种方法。那天到会的人不少，鲁迅、肖军、肖红都出席了。但会上没讨

① 见开明书店出版《新少年》二卷七期别册附录《新少年读本》(1936)第一篇。

· 102 ·

论《中国文艺工作者宣言》的事，起草这个《宣言》是以后的事，并没有开会讨论，而是聂绀弩文和我搞的。

后来发表的《文艺界同人为团结御侮与言论自由宣言》，是冯雪峰拿来要我签名的，谁起草的我不清楚。

文化生活出版社原名文化生活社，是吴朗西、丽尼、伍禅等人在 1935 年 5,6 月份搞起来的，出版"文化生活丛刊"，9 月份改名为文化生活出版社。"丛刊"最初出版的两本书是许天虹（笔名白石）翻译的《第二次世界大战》和丽尼翻译的《田园交响乐》(纪德著)。8 月份我从日本回国后参加了出版社的编辑工作。在我回国以前，出版社已通过黄源与鲁迅联系，出版鲁迅翻译的《俄罗斯的童话》。

一九七八年四月二十九日

· 103 ·

巴金審定的陳子善等1978年4月29日訪談紀錄。

因四川口音重，十句中總有三四句聽不大
懂，以至事後整理的談話記錄必須經他本
人審定後才發表，否則就很可能曲解了他
老人家的原意。這份題為〈訪問巴金同志
——談「中國文藝工作者宣言」起草經過
及其他〉的訪問記後來刊於《新文學史
料》創刊號。這次拜訪巴老日記中有明確
記載，一九七七四月廿九日巴老日記云：
「（晴）七點後起。上午師大黃成周、陳
子善來談魯迅書信注釋事，坐了大半個小
時。」當時給我印象最深的一點，是他為
好友黎烈文辯誣，嚴肅指出把因私人原因
而去臺灣大學執教的黎烈文說成是投靠國
民黨的「反動文人」，完全是誣衊不實之
詞。巴老十分重視友情，後來還專門寫了
〈懷念烈文〉，進一步回憶和評介這位著
名翻譯家、散文家和文學編輯家的功績。

　　從第二次見面到第三次見面，其間
相隔了十多年，因此，我與巴老之間還
有幾件事可以一說。

　　香港攝影家水禾田兄是巴老作品
的愛好者，曾為巴老拍過好幾幅極為傳
神、足以傳世的肖像照。他編了一本圖

水禾田編《巴金文選》。

《巴金文選》環襯，上有巴金親筆
簽名和編者水禾田題詞。

文並茂的《巴金文選：序跋、散文、雜文、隨想錄》（1989年9月香港專業出版社），不但裝幀素雅，而且是小巧玲瓏的64開本，十分別致。水禾田兄在送我的《巴金文選》環襯上寫了這樣一段話：

> 陳子善先生指正：
> 　編排、相片，好嗎？
> 　這本小冊子，
> 　想是巴金先生最小
> 　最小的一本作品。
> 　水禾田
> 　　　　4／6／1990香港

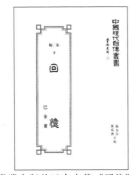

臺灣出版的巴金自傳《回憶》。

我很喜歡這本開本「最小最小」的《巴金文選》，就央請巴老在水兄的題詞旁簽名留念。

同時送請巴老簽名的還有他老人家的《回憶》臺灣版（此書原名《回憶》，初版改名《巴金自傳》，臺灣版恢復原名），此書原是一九三四年一月由邵洵美主持的第一出版社

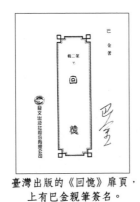

臺灣出版的《回憶》扉頁，
上有巴金親筆簽名。

出版的。當時邵洵美雄心勃勃，計畫
出版一套現代知名作家的自傳，實際
出版了張資平、廬隱、沈從文和巴老的
等數種，現在都成了研究這些作家的重
要史料。到了八十年代末，臺灣龍文出
版社出版頗具規模的「中國現代自傳叢
書」，巴老這部「自傳的一部分」的
《回憶》自然被選中重印。此書書前原
有巴老的〈小序〉，出版社找到我，希
望能請巴老賜一新的〈後記〉。我只能
勉為其難。值得慶倖的是，巴老給了
我很大的面子，不但親自校訂了《回
憶》，還欣然撰寫了新的〈後記〉。新
〈後記〉不但印在了臺灣版《回憶》書
末，且已收入《巴金全集》，這也是我
唯一的一次向巴老約稿。

巴金1993年12月21日與陳子善合影。

　　第三次見巴老是在一九九三年十二
月廿一日。臺灣春暉影業公司拍攝中國
現代文學大師傳記紀錄片，巴老實至名
歸的與魯迅、周作人、郁達夫、徐志
摩、朱自清、老舍、冰心、沈從文、曹
禺、蕭乾、張愛玲等一起首批入選。那
天我陪同導演雷驤兄一行拜訪巴老，商

議拍攝事宜，受到巴老和他女兒李小林的熱情接待。巴老那時已身患帕金森氏症，講話已不太連貫，聲音也更低沉，但與來訪者相握的手是溫暖的，眼光是親切慈祥的，聽來訪者談話的神情是專注的，你在他身邊坐一坐，聊一聊，就會感受到一種精神的感召，一種人格的力量。那時已是初冬，室外陣陣寒意，室內卻是暖意融融。也就是在這次為時不長的拜訪中，留下了我與巴老唯一的也是珍貴的合影。

　　最後一次拜訪巴老是一九九七年九月廿一日，在杭州。秋風送爽、桂子飄香的時節，我與研究巴金的專家李輝兄，現為九久讀書人文化公司董事長的黃育海兄一起到「汪莊」拜訪正在那裏療養的巴老。記得巴老住在「汪莊」五號樓，我們是下午四時以後去的，巴老午睡剛起，精神不錯。聊天以後，夕陽西下前，我還推著輪椅陪巴老在綠草如茵的西子湖畔散步，可惜李輝兄照相機發生故障，我陪巴老散步這張最後的合影沒能留存下來。就在這次與巴老的交談中，李輝兄大膽提出整理出版巴老在「文革」中被迫寫下的大量交代和「揭發」材料，以警示後人。巴老端坐在那裏，沉思了足足二三分鐘，才一字一句的回答道：「這事等我走了以後，可以做！」這斬釘截鐵的回答，對我而言，真是振聾發聵。

　　後來讀到李輝兄的〈《隨想錄》就不如《思痛錄》？〉（載2005年11月3日《南方週末》），發現他的回憶與我的略有出入。李輝兄是這樣追述的：

　　　　巴老在「文革」裏寫的檢討書和揭發信，我當時都看到了，有一大包，我估計有二十萬字。

「文革」之後，政府把這些材料退給他了。可以說，這些材料和他後來提出建「文革」博物館是很有關係的。

我當時就問巴老，你看過這些信嗎？他搖搖頭說，「我不敢看。」我接著問他，這些東西可以發表、出版嗎？他沉思了一會，過了兩三分鐘，說，「等我死了之後再發表、出版。」我說不要緊，我們可以開始整理，他回答說，那我想想看吧。

為這些檢討書和揭發信，從一九九六年到一九九七、一九九八年，我連續三年為這個事情問他，希望能夠先整理完放著，最後出版。最後一次是在巴老病重之前，我當時在上海，連續兩天去他家。我對他說，要不先寫個序放著，然後再出版。那個時候巴老已經很不好了，已經九十三四了，他對死看得也很淡，在他面前我也並不隱諱說他死。第二天，我去問他，「巴老你想好了嗎？」他回答我說，「你怎麼這麼急啊？」我笑了，「你的性格不是比我更急嗎？」他當時想了一會，沒有回答我，一地說，「我想想看吧。」

　　巴老在一九九七年那次回答李輝兄時，我正好在座。也許我的記憶有點偏差，但我認為，如果我沒有理解錯，巴老的基本態度還是明確的。儘管還要「我想想看吧」，這些「檢討」和「揭發」還是可以而且應該「等我死了之後再發表、出版」。我期待著這一天的到來！

我不是專門研究巴金思想和文學創作的，但我尊重巴老，深知晚年的巴老有許許多多重要的事要做，所以決不輕易去打擾他老人家。與巴老的交往，舉其大端，也就僅限於此。但冥冥中似乎註定，我與巴老的因緣，竟是自「文革」始，至「文革」終，首次和末次見面，都直接與「文革」有關，實在是始料未及的。巴老對「文革」的反思和批判是全面的、深刻的、徹底的和不留情面的。他提出並堅持的「說真話」、「沒有神」、「自我懺悔」和「把心交給讀者」，充分顯示了中國文學的良心和中國知識份子的良知，將永遠給我們以寶貴的啟示。

二〇〇五年十月廿一日初稿
二〇〇六年十月巴老逝世周年祭日改定

陳子善攝於成都第七屆巴金學術研討會。

## 我與夏公的交往

### ——兼憶李一氓老

**如果**不是王自立先生整理舊物檢出這封夏公（夏衍）給我的信，舊時月色早已變得模糊不清了。幸虧這封信的重新出現，泛黃的紙頁，真實的觸感，具體的內容，使往昔的一切頓時清晰起來，也勾起我一系列溫馨的記憶。

這封信是夏公一九七八年二月廿四日對我同月二十日去信的答覆，用鋼筆批覆在我去信的右側：

> 來信及記錄稿今日收到，因內容記錄有一些出入，同時我最近又查閱了一些資料，故要作若干修改，但今日起開「政協」，所以要三月初才能把記錄稿寄回，乞諒。
>
> 夏衍 二，二四

按當時的郵程，夏公的答覆不可謂不及時。

素描

夏衍在本書作者第一封信上的批覆。

一九七七年七月廿九日，為注釋魯迅後期書信，我在北京南山街一座幽靜的四合院裏拜訪了夏公，話題圍繞一九三六年「左聯」的解散和「中國文藝家協會宣言」而展開，我作了較為詳細的記錄。夏公身邊那隻可愛的小黃貓也引起了我的注意，因為我沒想到這樣功名顯赫的革命前輩也喜愛小動物，也如此富有人情味。這是我第一次也是唯一的一次見夏公。

半年以後，我所在的上海師大（現華東師大）中文系魯迅著作注釋組計畫編印一本研究魯迅書信的參考資料，擬收入夏公的這次訪談記錄，於是由訪問者的我寫信徵求他老人家惠允，才有了夏公的上述答覆。夏公的態度認真而慎重，經他修改定稿的〈夏衍談「左聯」解散事及其他〉一九七八年秋在以「上海師範大學中文系」名義編印的《魯迅研究資料》中刊出，可惜這本資料集是「內部發行」，流傳不廣。好在夏公對解散「左聯」的看法後來在長篇回憶錄《懶尋舊夢錄》中作了更為詳盡的

闡述，這篇簡明的訪談錄未能收入新出版的《夏衍全集》（二○○五年十二月浙江文藝出版社），也就不是什麼重要的遺漏了。

從此我與夏公斷斷續續通起信來，夏公曾耐心解答了我對於《上海屋簷下》版本的詢問，夏公也對我指出《懶尋舊夢錄》最初發表時的個別疏漏表示了感謝，這些我已在夏公逝世後寫的〈我與夏公通信〉（收入一九九八年八月上海教育出版社版《生命的記憶》）中作了記述，不必再贅言。

一九八二年八月，潘漢年冤案正式平反。白立先生和我立即著手編選潘漢年文學作品集。我們認為潘漢年雖以中國共產黨卓越的政治活動家名，傑出的情報工作者名，但他早年的新文學生涯同樣有聲有色，多姿多采。雖然其局限和不足也是顯而易見的，譬如王元化先生批評過的他當年大力提倡的「新流氓主義」。作為「創造社小夥計」，作為「左聯」首任黨團書記，潘漢年的文學創作和文學活動是「左翼文學」不可或缺的重要組成部分。潘漢年文學作品集費時三載，即將編竣之時，我想到應請夏公作序。夏公是潘漢年的親密戰友，潘案真相大白後，他寫了情深意摯的〈紀念潘漢年同志〉。夏公卻建議序文請李一氓老寫。這當然是求之不得的。李老是後期創造社成員，當年潘漢年編《幻洲》和《戰線》，李老編《流沙》，互相配合，互為奧援。兩人的關係也十分密切，李老曾有仿李商隱體詩紀念潘漢年：

電閃雷鳴五十春，空彈瑤瑟韻難成。
湘靈已自無消息，何處相尋倩女魂。

李一氓書贈陳子善七絕〈無題〉。

我喜歡這首七絕，後來請又是書法名家的李老書寫了條幅，至今懸掛在書房裏，晨夕相對，也可時時緬懷前輩風範，但當時我與李老沒有聯繫，不敢冒昧求序，也是夏公出面把我介紹給李老，代我向李老約稿。

我至今保存著當時夏公和李老圍繞這本潘漢年文學作品集的通信，相隔二十多年，讀來仍備感親切。由於夏公的熱情推薦，李老在規劃古籍整理的百忙之中很快發現撥冗撰就了序文。當時我恰好有北京之行，從范用先生處得知李老住址（李老住所與范用先生家很近，步行十多分鐘即到），就斗膽登門索序。可能他老人家當時正有重要的事需處理，三句話就把我這位不速之客打發了：序我已寫，已交給夏衍同志了，書名我就不題了。整個談話不超過五分鐘，連茶都沒喝上一口，李老就起身送客。說老實話，我當時的感覺是這位文壇前輩的架子好大啊，到底是大官，與我接觸過的一般的老作家、老文化人不

一樣。後來我才知道，這最初的印象是
不確的。三年後李老到上海小住，約我
和張偉兄等幾位小朋友到「湖南別墅」
聊天，一聊就是一個上午，李老其實是
和藹可親，可以與之長談深談的。

　　我回到上海後就收到了夏公掛號寄
來的李老的序文手稿和信，信是寫給夏
公的，從未公開過：

夏衍寄李一氓序文給陳子善的信封。

李一氓1986年3月11日致夏衍信。

夏衍同志：

一，潘序繳（交）上，請正。
二，陳子善已來京，但序為你
約，應送上你處。三，同時
我擬送上海《解放日報》發
表。四，書名應為《潘漢年文
集》，只稱《潘漢年集》，不
好。五，書名我不題了，我想
用筆一揮即可，表示交情所在
就是了。

　　　　一氓　三月十一日

李一氓1986年夏與陳子善攝於上海湖南
別墅。

　　這是一九八六年三月初的事。我拜
讀了李老的序文之後，又斗膽提了兩條

意見請李老酌定。信仍由夏公轉，李老三月三十一日作了具體答覆：

> 陳同志通訊處我沒有，仍退原處，請將此信仍寄回上海。
> 我的答覆如下：（一）五輯，序文作五卷不算錯，卷非本
> 也，行文若如此，一本，一冊，可以有若干卷，不必改。
> （二）《戰線》位置可改為「又主編《戰線》及從創造社編
> ……」。

夏公同時在此信上用紅筆批覆，顯然希望我一定要遵照李老的意見辦：

> 子善同志：
> 大札轉李公閱後，他的意見如上述，請按他的意見處理。

對我的建議，李老接受了一條，作了修改；另一條堅持己見，同時給我上了生動的一課。

潘漢年的文學作品集，原來分為五輯，小說、散文、雜文、詩詞和文藝評論各一輯。可惜後來書印出時只剩了三卷，散文和文藝評論兩卷被刪掉了。書名也未能聽從李老的意見，而是用潘漢年一部未完成的長篇小說《犧牲者》代之。更糟糕的是，出版社方面擔心讀者誤解，對老李序文第一句「今天我們知道的潘漢年，不能算是一個文學家，因為文學對他一生的歷史命運並不是很重要的。」提出異議，希望李老修改。我只好硬著頭皮再寫信給夏公，請夏公轉達。這次夏公

沒有照辦，而且似乎是有點生氣了：

子善同志：

四月十四日來信收到已久，遲遲未復，也想了很久，對於編輯部提出要更改李老序言中第一句話的事，我認為不妥當的，只考慮到「訂購」份數而不尊重作者，我看也不好，所以我不敢把這個意見轉告一氓同志，轉告了會碰釘子，是可以肯定的。假如編輯部一定要改，那麼讓他們自己向李老寫信就是了。

敬禮！

夏衍　四　二四

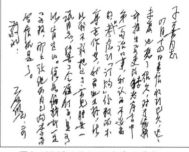

夏衍1986年4月24日致陳子善信。

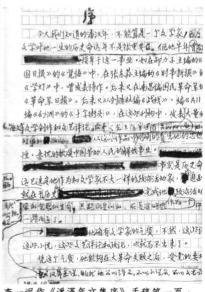

李一氓作《潘漢年文集序》手稿第一頁，鋼筆部分為李一氓親筆。

我把夏公的看法如實轉告了出版社。出版社方面大概也沒有敢再去打擾李老，印在《犧牲者》卷首李老序文的第一句，一字未改。

李老的看法是完全對的。文學對潘漢年的一生來說，只是一個「引

子」，雖然也很輝煌，但與他的傳奇式的政治生涯相比，畢竟微不足道。當然，潘漢年始終未能忘情於文學，也是不爭的事實。否則，我們就難以理解他晚年身陷囹圄時何以以詩詞為寄託了。還是李老説得好：「以漢年的文學氣質，要是不受歷史命運的擺弄，一直埋頭於詩歌小説的創作，屈指計之，今恰滿六十年，其所成就，豈僅止此箋箋一冊，決不讓當代的一些傑出的文學家，而當出《潘漢年全集》若干卷。」

日月如梭，《犧牲者》問世也已整整十八個年頭了。回想當年為了此書出版而與夏公、李老頻繁的書信往還，彷彿還是昨天的事。一九八八年六月五日，夏公在致我的信中再次提到《犧牲者》：

> 潘漢年作品選能夠出版，已經可以告慰死者了，我們對您付出的心血和辛苦是十分心感的。

這「我們」無疑包括了夏公自己和李老。文壇前輩對後學的肯定，對後學的鼓勵，溢於言表，不能不使我深受感動，也不能不促使我在中國現代文學研究的漫漫長途上繼續奮力前行。而今李老和夏公已先後駕鶴西去，展讀他們的遺札我的心裏仍然充滿了感激之情。

（原載二〇〇六年十二月六日《文匯報·筆會》）

## 魯迅稱樓適夷為「適兄」

**一九**八一年九月二十三日，為紀念魯迅誕生一百周年和重新注釋的《魯迅全集》出版，《人民日報》副刊發表了筆者發現的宋慶齡、茅盾、郁達大和景宋（許廣平）一九三七年初為日本改造社出版《大魯迅全集》而撰寫的感言，以及筆者與工自立先生合作的〈評價魯迅的四篇重要佚文〉一文。這些「感情真摯，論述精當」的感言，除了郁達夫直接用日文撰寫，其餘三篇都是由魯迅的日本友人、後來成為日本魯迅研究專家的增田涉譯成日文的。《人民日報》重刊時，我們特請「思一」先生將它們回譯成中文。「思一」先生的譯筆精練老到，較準確地傳達了原作的神韻。但「思一」到底是誰？我們一直沒有透露。值此樓適夷先生百歲誕辰即將來臨之際，是到了揭曉這個筆名之謎的時候了。原來「思一」並非別人，正是樓適夷先生，「思一」即「適夷」的諧音。

隨著年歲的增長，我的記憶力開始呈現下降趨勢。是什麼時候在什麼場合首次見到適夷先生的，已經了無印象。但有一點是確切無誤的，一九七七年夏，為注釋《魯迅全集》書信卷，我在北京虎坊橋人民文學出版社招待所住了一月餘，與自立先生等走訪了許多老一輩的與魯迅有過這樣那樣交往的左翼作家，很可能就是那個時候結識適夷先生的。

後來書讀得多了，進一步知道適夷先生決非等閒之輩。作為「左聯」成員之一，他在上個世紀三十年代不遺餘力的投身左翼文學運動，上海文壇上時見他的活躍的身影，他作詩，寫散文，搞翻譯，都很有一手。他的文壇交遊也十分廣泛，與魯迅、郁達夫、潘漢年、傅雷等人的關係都在現代文壇上傳為佳話，魯迅在書信中曾多次親切的稱他為「適兄」，為他的被捕而「親如家人，愛同赤子」地表示關懷。特別是適夷先生在《文藝新聞》上發表的評介劉吶鷗、穆時英、施蟄存一路「新感覺派」的文字，已成為研究這一新文學流派的重要歷史文獻，「新感覺派」這一名稱大概也是最早由適夷先生引入中國的。

適夷先生那時住在蘇州胡同，好像離北京站不遠。北京胡同景象，現在回想起來，真是意味無窮。像我這樣在南方長大的年輕人，更對胡同充滿了好奇。猶記好幾次晚上到蘇州胡同拜訪適夷先生聊天，在昏暗的街燈下走過樹影婆娑的小巷，踏進適夷先生所住的四合院，自有一種豁然開朗的溫馨的感覺。只要有合適的談資，適夷先生常會手舞足蹈，逸興遄飛。三十年代文壇掌故，在他是娓娓道來，如數家珍，我聽得入神，往往不知不覺中一兩個小時就過去了。

我接觸過的左翼作家中，堪稱性情中人的，只有兩位，一位是紺弩先生，另一位就是適夷先生。適夷先生是率真的，率真得近乎天

真。1957年揭批馮雪峰時，他開始真有點相信馮是「反黨」分子，在全國作協批判大會上突然號啕大哭。但一旦證實馮的冤屈，他後來所寫的憶念文字，真是感人至深。適夷先生沒有左翼作家常有的「革命氣」——其實是一種霸氣，自以為一貫正確，真理就在我手中（即便真理真的全在你手中，不也應該謙虛和寬容嗎？）對非我「族類」一概輕蔑之，排斥之，批判之。他敢於承認今是而昨非，敢於重新認識自己走過的道路。當然，他同時也有自己的原則，「四人幫」倒臺後他所寫的一系列關於「兩個口號論爭」的義正辭嚴的文字就是一個明證。他有位後輩親屬，當時在文壇上「左」得出奇，一次偶爾與他談起這位仁兄，適夷先生一臉不屑，毫不掩飾對他的不滿，又是一個明證。

請適夷先生翻譯宋、郁、茅、許四位的感言，不是沒有猶豫的。他老人家年高事多，未免打擾。但考慮到他是翻譯日文的前輩高手，又與郁、茅、許等位都有過交往，再恰當不過了，所

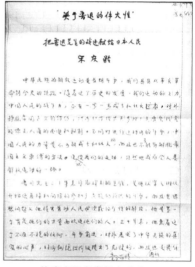

樓適夷譯宋慶齡文手跡。

以最後還是懇請他勉為其難。我至今保存著他的親筆翻譯稿，確是反覆斟酌，一絲不苟，決非當今那些粗製濫造的翻譯可比。宋慶齡那篇標題，適夷先生譯作「關於魯迅的偉大性」，又加旁注云「也可譯作『談魯迅的偉大性』」。他在一九八年五月六日有一封信專門談到此事，不妨抄錄如下：

> 子善、自立同志：去承德避暑山莊開會十天，昨晚歸來。見到一大堆信件。今晨起來，為了使精神寧靜下來，先把囑譯三篇，匆匆譯出寄奉，對我也是很好的學習。所抄原文稿，我留下參考了，謝謝。此三篇顯然是從中文原作日譯的，連同前譯達夫之作，原文既不可得，我的譯文，已僅能達意，無法體現原作風貌了，發表時譯者的名字，即署「思一」筆名可也。

6/5

樓適夷1987年4月25日致陳子善信。

適夷先生遷居團結湖後，我也很少進京了，無法經常恭聆聲欬，但還時有通信，仍然是不斷打擾他老人家，他仍然是有求必應，檢出一封一九八七年四月二十五日的來信，雖稍長，卻有一定的史料價值。故也照錄如下：

子善同志：

十五日手書收讀。《回憶郁達夫》早已收到拜讀，編得很好，想見搜訂之勞，甚為欽佩。紀念達夫之詩，所見不多，我沒有寫過，只在七四年與從弟及兒子初游釣台，留詩志念，中間提了對達夫的懷念。承囑拙書，昨天就將此詩寫了橫幅二張，都沒有寫好，自己看看不滿（意），就撕掉了，而無力再寫，只好再等有興致，重寫後寄你求證。現在先將詩抄奉：

游釣台

達夫南遊竟不歸，傅雷有約已成灰。

我今始來江山改，登攀深嗟歲月催。

七里瀧前空逝水，斷碑殘碣埋荒隈。

澄江寂寂遙岑碧，對此不覺久徘徊。

自念衰朽羈北國，終老鄉山願終違。

弟亦邁矣兒遠別，如此同遊能幾回。

古人已去清風在，今我憑弔亦癡哉。

縱有綸竿長百尺，也難垂弔子陵台。

　　　　　　　　適夷　一九八七年四月廿五日

21

樓適夷（左五）1985年9月18日與許杰
（左三）、汪靜之（右三）和陳子善
（左二）等合影。

《適夷詩存》封面。

《適夷詩存》扉頁。

一九八五年九月，我與適夷先生和汪靜之、許杰、柯靈等我所尊敬的前輩作家在浙江富陽參加了郁達夫遇害四十周年紀念會暨學術研討會，至今仍保存著那時的珍貴合影。會後不久，湖南文藝出版社出版了我與自立先生合編的《回憶郁達夫》，書中收錄了適夷先生應我之請所寫的情深意切的長文〈回憶郁達夫〉，對郁達夫在中國現代文學史上的地位和影響頗多不刊之論。適夷先生在信中對拙編大加肯定，我在高興之餘，也深知這是前輩對我的鼓勵和鞭策。當時我又在努力搜集「紀念達夫之詩」，還斗膽向適夷先生求字，所以他在信中對此兩點做了回答。收到回信，我才意識到自己給老人家添了麻煩，深悔自己的孟浪。但值得慶幸的是，橫幅大字雖未寫成，適夷先生在信中抄錄的〈遊釣台〉一詩仍用毛筆小楷書成，這幅珍貴的墨寶我一直珍藏著。經核對，這首詩已收入《適夷詩存》（一九八三年十月人民文學出版社初版），此次為我重錄有兩處小修改，其一為第二句，

《適夷詩存》原作「傅雷有約亦塵
埃」；其二為倒數第二句，《適夷詩
存》原作「縱有竿綸長百尺」。詩作於
一九七五年二月，適夷先生還未「解
放」，觸景生情，當時的複雜心境在詩
中已表露無遺矣。

我現在能夠找到的適夷先生給我的
最後一封信是　九九二年三月十六日寫
的，也不短，仍照錄如下：

子善先生：

手示聆悉。我剛發了一次病，
到醫院急診，很快恢復了，勿
念。回家收到你的信，金梅同
志寫「傅傳」，很重要，看了
目錄，許多前期資料，我是
不熟悉的，雖友好甚深，但習
慣相互間少談往事也。此書一
出，受益必多。寫序言事，乞
恕未能輕諾：（一）顧亭林說
「人之患，好為人序」，今後
擬戒；（二）我的名字在臺灣
恐有違礙；（三）身體雖稍稍

樓適夷1992年3月16日致陳子善信。

23

恢復，但仍須充分休息，執筆尚需時日。乞為向作者婉謝，謝謝。此書為何寄臺出版，可能印製較好，出書較速，但大陸普及必有困難，可否在大陸另出簡體（字）版？聞傅雷著作文字早已編集交三聯，而壓積經年，不知何意。

又，先生仍治達夫研究否？新加坡姚夢桐先生，長期專治郁研，有著述，近來信託搜羅郁公手跡，去函其孫女嘉玲，竟然置而不答。前之郁在老家藏少作手稿日記等不少，天民不肯出而示人，臨死猶遺囑勿出而公世，不知何意。先生對此不知能予協力否？
文祺

樓適夷三月十六日（九二）

當時我正和陳思和兄合作，為臺灣業強出版社編選一套「中國現代文化名人傳記叢書」，《傅雷傳》由天津金梅先生執筆。膾炙人口的《傅雷家書》是適夷先生作的序，《傅雷傳》自然又要央請他老人家贈序以光篇幅。可是，適夷先生剛剛病癒，精力已不如前，在信中婉言謝絕了。他的態度是嚴肅的，理由也是充分的。可以告慰適夷先生的是，他所建議的《傅雷傳》大陸簡體字本早已問世，期待已久的二十卷本《傅雷全集》也終於在二〇〇二年出版了。適夷先生還在信中關心我的郁達夫研究，對如何妥善處理尚未公開的郁達夫遺作（包括早期小說、日記和書信等等）從研究者的角度提出了自己的看法，值得注意。

　　依稀記憶中，八十年代後期適夷
先生來上海，我還陪同他去拜訪鄭超麟
先生。鄭老先生是他「入共青團時黨課
老師，坐國民黨牢時的難友」，也是出
色的詩人，翻譯家。適夷先生的一位堂
兄弟是「托派」中人，他大概也間接受
到過牽連，所以想去晉見大名鼎鼎的
「托派」領袖、幾乎把中國的牢底坐穿
的鄭老先生。他與「托派」的這種奇特
關係，後來寫過一篇〈焯弟，你得了金
牌〉有所提及，記得發表在《新民晚
報》上。可惜當時適夷先生與鄭老先生
談話的情景已十分模糊，不復詳述了。

　　我在撰寫這篇回憶小文時，面前
攤開著適夷先生親筆題贈的《適夷詩
存》、《話雨錄》等書，重讀著他這些
熱情如火的詩文，彷彿適夷先生就坐在
我對面，他的令我感到親切溫暖的音容
笑貌又清晰地浮現在我眼前……。

樓適夷像。

　　　　（原載2005年1月8日《新民晚報》
　　　　　　　　　　　　　「記憶」版）

## 施蟄存先生側記

**每次**去拜訪施蟄存先生，都在午後三到四點之間，這是施先生會客的固定時間，二十多年如一日。除非特殊情形，我不曾在上午去打擾他老人家，那是他的工作時間，也二十多年如一日了。

施先生住在上海愚園路上臨街的一幢小洋樓裏，二樓朝南，書房、客廳、餐廳和臥室合而為一。床頭懸掛名人和友朋的字畫，經常調換，我記得起的就有康有為、馮友蘭、魏建功、沈從文、周退密、潘素等。老式寫字桌前小玻璃櫃內陳放著他老人家近年雅興大發搜集的文物古玩，都是玲瓏剔透、惹人喜愛的小物件。有次我發現一尊印度的「歡喜佛」小雕像，不禁露出詫異的神色，老人家不動聲色的說：「一位到過印度的老朋友送的，好玩不？」室外略嫌局促的走廊上則是高到天花板的木製書架，擠滿了中外古今的文學書刊，我仔細流覽過，大都是八十年代以來印行的，以古典文學為主，偶

爾也能翻出一、二本老人家三四十年代
的著譯殘本。施先生慷慨，每次我去翻
書，總不忘提醒一句：「你如有興趣，
拿去就是！」

　　這位中國三十年代的大作家，引領
一代風氣的《現代》雜誌的主編，被李
歐梵譽為「二十世紀中國現代文學開創
者」的老人，自我認識以來，就一直在
這間普普通通的小屋子裏看書寫作，會
客答疑。我原先沒有記日記的習慣，記
不清最初是怎麼去拜見施先生的，反正
是既然在華東師大中文系任教，幾位德
高望重的前輩，像許杰先生、徐中玉先
生、錢谷融先生等等，都是必須經常請
益的，施先生當然也不例外。不過施先
生雖然「窗開四面」（指現代小說、古
典詩詞、碑版書法和外國文學翻譯四大方
面），著作等身，名揚中外，但當時他
老人家的研究重點在唐詩和詞學上，寫
《唐詩百話》，編《詞學》叢刊，忙得
不亦樂乎，本來不應有太多的接觸。不
料八十年代以降，「新感覺派」時來運
轉，他在現代文學史上的地位也隨之重

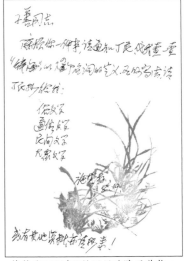

施蟄存1986年8月19日致陳子善信。

獲評價，用他自己帶點自嘲的話說，就
是「像鑒賞新出土的古器物那樣，給予
摩挲、評論或仿製」，這就與我的專業
發生這樣那樣較為密切的聯繫了。

　　查已經出版的施先生《昭蘇日記》
（二○○一年一月文匯出版社初版），
一九八五年三月二十一日條下有：上午
「陳子善來（取趙令揚字）」五月十八
日條下又有：「下午陳子善來」。這大
概是我最初到施先生家去的記載，但也
不敢完全確定，也許更早些時候就已登
門，施先生日記中失記了。所謂「取趙
令揚字」係指時任香港大學中文系主任
的趙令揚先生來滬，慕名向施先生求
字，施先生欣然揮毫，囑我轉送一事。
後一次拜訪已經全無記憶了。

　　幸好一九九七年秋到日本訪學後，
我開始記日記，因此留下了上個世紀最
後幾年向施先生請教的記錄，可在這裏
摘錄數則。

　　一九九八年三月二十日下午，帶
臺灣學者許秦蓁等訪施先生，「談劉吶
鷗。施先生仍很健談，謂劉吶鷗是三分

施蟄存1990年1月27日與臺灣作家林燿德
（後排左）、鄭明娳（前排右）和陳子
善（後排右）的合影。

施蟄存1991年8月23日與臺灣學者陳鵬翔
（左）、陳子善（右）合影。

之一日本，三分之一臺灣，三分之一上海洋場文化的混合。」

　　同年六月一日下午，帶韓國留學生白承道、梁兌銀夫婦訪施先生，「談三十年代『現代』同人。據施先生回憶，當年上午9：00－下午4：00工作，4：00－6：00逛書店，6：00以後回家，週六、日晚7：00－11：00則看電影（以外國片為多），一周大約要看二、三次電影，也去跳舞場，也去跑馬廳，但聽音樂會則較少。看電影是與朋友一起去，男或女的。但與戴望舒、杜衡一起玩的機會不多。邵洵美晚上要抽鴉片，也不大有機會一起玩。這些對理解三十年代上海文人的生活很有幫助。施先生在答問時強調『上海永遠是一個中西混合的城市』，可謂至理名言。」

　　同年十月三日下午，與陸灝一起訪施先生，「談另一位文壇前輩所戲稱的『不喝酒、不抽煙、不嫖妓不算文人』，談二三十年代上海四馬路會樂里的『長三』、『么二』和『野雞』及『私門子』」。

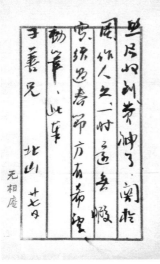

施蟄存致陳子善函。

同年十月二十四日傍晚，陪臺灣學者彭小妍、英國學者賀麥曉訪施先生，「談劉吶鷗、戴望舒、三十年代上海的文學社團、文藝茶話會、書報檢查制度和曾今可、虞岫雲等。施先生記憶清楚，妙語如珠，實為翻檢二、三十年代上海文壇的一部『活字典』」。

一九九九年二月二十日下午訪施先生，「得其贈《施蟄存散文》（浙江文藝社版）一冊，與其談張競生《性史》。施先生謂此書『不靈』，有招搖撞騙之嫌。此書顯然受當時西方正盛行的佛洛伊德、靄理斯等人學說的影響，這類書當時西方也出了不少。張競生此書轟動三、四個月後也就過時了。張在上海又開『美的書店』，出版《第三種水》，也不成功，後來就回廣東去了。又觀賞張伯駒妻潘素的山水圖卷，施先生謂當年『八大胡同』是很出了些人才的。」

同年六月八日傍晚，陪李歐梵訪施先生，陸灝也在座。「施先生暢談三十年代文學、電影和自己的創作。施認為現在上海經濟不錯，文化不行，比不上三十年代。現在上海沒有吳昌碩，北京沒有齊白石。三十年代（一九三〇至三七年）是最輝煌的。施並回憶二十年代（一九二三至二四年間）在上海《時報》副刊（李涵秋主編）用施青萍筆名發表影評，評介德國默片電影《斬龍遇仙記》（即《尼布龍根指環》原型），同時推崇第一部默片《賴婚》和《璇宮豔史》等電影。他喜愛的電影明星是卓別林和鄧波兒。施先生還回憶與邵洵美、項美麗吃過二次飯，一次與戴望舒等在知味觀，邵、項不請自來。一次在北四川路新雅飯店請邵，項也來。項美麗後來去香港嫁一英國軍官，邵洵美匯錢給項，被認為資助英國特務而受連累吃官司。施先生還回憶與張愛玲見過二次面，一次在淪陷時期回上海，邵洵美請客，張愛玲也

來，穿中國緞子的繡花旗袍，很特別。另一次是解放後上海第一次文代會，張即坐在施先生隔壁。那次文代會是在吳淞路的一家原來的日本戲院裏舉行的，最後還合影留念。」

同年十一月二十四日傍晚訪施先生，「數月不見，老人家更顯清瘦，耳也更聾，但精神尚好，其時他正與師大中文系基地班學生漫談，談及錢鍾書的『惡客』（上海方言，刻薄之意）。錢鍾書寫《圍城》，不是寫長篇，而是發洩他的『惡客』。王辛笛《手掌集》出版後，錢鍾書、施先生和另一位作家應邀到王府便飯並獲贈樣書，離開王家後，錢鍾書指著《手掌集》封面圖案對施等人說，辛笛手中抓著一朵花，他印出來了，但他另一隻手抓著錢（當時辛笛在銀行任職），卻不印出來。」

次日下午又訪施先生，「交以拙編《飯後隨筆》（上下），得知其正在讀《馬可波羅遊記》，還想讀《遐庵談藝錄》和《骨董瑣記》。施先生還問為什麼還沒有出版周作人的全集，應該出，可定書名為《知堂全集》。」

二〇〇〇年一月十二日上午訪施先生，「轉達香港作家林真的問候。老人家幽默的說：耳越來越聾，心臟越跳越慢，記性越來越差，手寫字越寫越僵。」

同年二月二日下午，帶劉吶鷗之子、臺灣物理學家劉漢中夫婦訪施先生，「談劉吶鷗一九二七年日記的發現和整理，談劉吶鷗全集的編輯，施先生對此事表示極大的關切。」

同年八月二十一日下午訪施先生，「漫談《北山樓詩》的編選，並請其在《雲間語小錄》、《北山談藝錄》上簽名供臺灣『遠流』出

版公司救助臺灣地震災民義賣之用。」

同年十二月二十六日下午帶香港張歷君、郭詩詠訪施先生，「請施談小說創作，包括與佛洛伊德和心理學以及與外國電影的關係，施先生回憶當年心儀的電影明星是嘉寶、卓別林和鄧波兒。」

僅從上述不加修飾的簡略記錄，已完全可以看出施先生雖然已屆期頤高齡，仍思路敏捷，真率可愛，在交談中不時靈感迸發，睿智閃現。老人家所說的不僅是回憶三十年代文壇舊事，更有他對中國現代文學和文化發展的嚴肅思考在。

值得補充的是，關於魯迅，關於三十年代與魯迅的那場有名的論戰，施先生從不主動談起，若你問及，他會建議你先去認真讀一讀當時論戰雙方的文章，然後再來與他討論。魯迅稱他「洋場惡少」，他當然不會高興，但早已淡然處之。他曾對我說過，魯迅尖刻，與錢鍾書差不多，「罵人」從不留情面。今年出版了林賢治先生的《魯迅的最後十年》（中國社科出版社版），好評如潮，但書中對魯迅與施先生之爭的評判顯然有欠公允，特別是書中稱施先生當過國民黨當局的「書報檢查官」，更是「莫須有」的罪名，理應在此為施先生辯誣雪謗。

當時當了「書報檢查官」的另有其人，就是「新感覺派」的另一位代表作家穆時英。穆時英寫過《上海的狐步舞》，施先生一次在談話中證實穆時英當時是跳舞場的常客，狐步舞確實跳得好。對穆時英去當「檢查官」，施先生是不滿的，至今仍感惋惜。他不止一次的向我建議，把穆時英三十年代的影評和去香港後發表的散文搜集起來，編一本集子，必將大有助於穆時英研究。但我限於時間和條件，一直

猶豫著沒有動手，有負施先生的囑託。好在《穆時英全集》已由嚴家炎先生等編就，不久的將來就可面世了。

　　進入新世紀以來，施先生耳背越來越嚴重，去拜訪他只能完全依靠筆談了，再加師母謝世，老人家的精神明顯大不如前。為了讓他好好休息，我盡可能少打擾，也不再帶人去。但是只要去，施先生一定仍先吩咐保姆上茶，然後侃侃而「談」（其實是寫了）。像他這樣幾乎親歷二十世紀中國文學發展全過程的作家、學者，本身就是一部真實生動的文學史和學術史，豐富而又深刻，小叩小鳴，大叩大鳴，就看你的造化了。

　　閱盡人世滄桑，文苑冷暖，今天的施先生早已榮辱不驚。猶記1993年上海市授予他老人家上海文學藝術最高獎項──「傑出貢獻獎」，面對這遲到的榮譽，施先生公開表示：這個獎應該頒給年青人，對我已沒什麼意義了。近年來他一直對我感慨，友朋凋零殆盡，上海文壇的百歲老人，除了章克標，巴金一直在醫院裏，他不能不感到深深的寂寞。最近一次與李歐梵先生拜訪他時，談到今年要為他賀百歲壽辰，他頗不以為然，「一百歲對我還有什麼意義？」「我是二十世紀的人，我的時代已經過去了！」儘管如此，我仍寫了這篇小文，記下我所知道的施先生的點點滴滴，也表達我對他老人家的由衷的敬意。

（原載二〇〇三年十月十八日《深圳商報‧文化廣場》）

## 與施老的最後一面

二〇〇三年十一月十四日下午，我走進了施蟄存先生的病房。

我已經很久沒有探望施老了，施老住院以後，曾多次托人傳話：陳子善怎麼不來？讓他送幾本書來。我卻因為先是「非典」時期患了「典肺」（典型性肺炎），後又忙於母病和遷居，遲遲未去。

原以為施老生命力特別強，這次住院也會像往常那樣化險為夷，仍可回家後端坐在他的舊書桌前，邊翻閱我送去的新書，邊與我從容「筆談」。沒想到十一月十三日得知施老病重，醫院已發病危通知了。

十四日下午見到施老時，他老人家神志很清醒，正與家人爭論應否回家。一見到我出現，他立即認出來了，點點頭說：「你今天來做什麼？快回去，等我兩天後出院了，你到我家來，我要與你好好談談。」

過了幾分鐘，施老又正視著我，清晰地吐出五個字：陳子善序跋。我愣了一下，馬

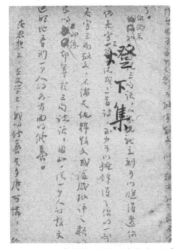

陳子善收藏的施蟄存《燈下集》初版本。

《燈下集》環襯，
上有施蟄存題贈沈從文手跡。

上領悟了。這一刻我真是感動得幾乎掉下淚來，他老人家想必從《文匯讀書週報》上見到書評，如此病重，還紀念著我這本新出的不像樣的小書。

我在施老床邊坐了好一會兒，卻喃喃不能語，不知怎麼安慰他老人家。他與家人繼續爭論，突然又轉過頭來對我說了一大段話，這次我沒能聽清楚，不得不借助他家人的翻譯。原來施老告訴我江蘇古籍出版社新出了一套版本學叢書，問我注意到沒有，值得看看。

施老知道我愛書，他自己也愛書，一輩子寫書、譯書、編書、教書，與書打交道，這些年送給我不少包括他自己的各種著述在內的好書。當初我到華東師大中文系資料室和圖書館任職，他老人家就十分贊許，認為整日與書為伴，是可以做好學問的。可惜我沒能做好，不像他老人家當年在中文系資料室抄錄卡片，還開闢出詞學和碑版研究的一片新天地。

錢谷融先生在施老百歲華誕慶賀會上發言，盛譽老人是一位重性情、講趣味、徹頭徹尾的自由主義者，這真是深

知施老的不刊之論。在漫長而又坎坷曲折的文字生涯中，施老見證了二十世紀中國歷史的風雲變幻，更見證了二十世紀中國文學的跌宕起伏。施老以他與眾不同的審美情趣，自由地出入於從現代到當代中國的各種文化潮流，不僅以他的「新感覺派」小說在文學史上留下不可磨滅的鮮明印記，而且始終特立獨行，始終曠達超脫，始終不迷失自我，這在二十世紀的中國作家中是極為少見的。

離開醫院回家途中，我的思緒就這樣漫無邊際地翻滾著。雖然我隱隱約約地預感到這也許是我與他老人家的最後一面了，但我還是默默地祈禱施老能順利渡過這一關，平安出院，與我「好好談談」。

第三天一大早，我飛赴成都參加另一位我們尊敬的世紀老人巴金的國際學術研討會。昨天上午，我得到了施老謝世的噩耗。奇跡沒能出現。在剛剛度過百歲華誕不到一個月，施老就離我們而去，這在感情上實在令我難以接受，卻又不能不接受。

現在我在客途中撰寫這篇小文，悲痛之餘想到的是，施老十一月十四日下午親口對我說的「我要與你好好談談」，他到底想對我說些什麼呢？這已經成了一個永遠無法破解的謎。也許他又要托我找幾本他想讀的書？也許他又要殷殷詢問我目前在研究什麼？也許他又要指點我去關注某一位已被人遺忘的現代作家？至少，我要告訴施老，他囑託我查找的他的第一篇新文學評論〈《流雲》我見〉終於找到了，他的其他的一些為《施蟄存文集》所漏收的散文也已經找到了，我想他老人家一定會感到高興的。

十一月二十日施老謝世第二天於成都旅次
（原載二〇〇三年十一月二十八日上海《文匯報・筆會》）

# 施先生的「西窗」與《老古董俱樂部》

**施蟄**存先生離開我們一年了。一年來，我常在想應該為他老人家做點什麼。

八年前，安迪兄從文匯讀書週報社調到文匯出版社擔任編輯，雄心勃勃，準備大幹一場。我們擬訂了一系列出版計畫，包括編纂梁實秋全集，包括編選「五四」以來名家名譯叢書，包括編集吳魯芹、董橋、陶杰等港臺名家散文選，等等。有的後來付之實施，但大都由於這樣那樣的原因而流產了。

「五四」以來名家名譯叢書倒是出版了兩種，即周作人譯《如夢記》和黎烈文譯《屋頂上的哲學家》，均由我編定。不過沒有打出叢書的招牌，後者更未注明編者為誰，所以並未引起讀書界應有的關注。

這套叢書的第三種即施先生翻譯的《老古董俱樂部》，仍由我來編，初稿成後交安迪兄，他拿了「目錄」去請施先生審定，這本來就是個選本，但老人家很認真，說還可以作些增刪，而且譯文是早年的，有些書寫

陳子善收藏的施蟄存賀朱蓮坨
八十大壽詩稿。

方式已與今天的規範不合，也擬重讀一遍，略作修訂。這樣，出版事就拖了下來。後來安迪兄也離開文匯出版社了。直到施先生以百歲高齡謝世，《老古董俱樂部》仍未能問世。

施先生晚年自喻，一生開了四扇窗戶：東窗是文學創作，南窗是古典文學研究，西窗是外國文學翻譯和研究，北窗是碑版整理。這早已為讀者所熟知。最近又有論者提出，施先生其實還開了第五扇窗戶：時事批評，也別有見地。但對西窗，還可作些具體分析。施先生在文集總序中明確告訴讀者：「1950年至1958年，是我譯述外國文學的豐收季節，我大約譯了二十多本東歐及蘇聯文學，這些譯文，都是從英法文轉譯的，只是為出版社效勞的工作，不能視作我的文學事業。」顯而易見，施先生有意識地把他50年代的翻譯工作排除在他的「文學事業」之外。換言之，他在1949年以前和70年代以後所翻譯的大量外國文學作品，才真正屬於他所追求的「文學事業」，才是他真正開啟的「西窗」。

　　曾有論者提出，魯迅首先是翻譯家，其次才是小說家和散文家，這是獨具慧眼的見解。施先生又何嘗不是如此？他精通英文和法文，一直以翻譯自己所喜愛的外國詩文為己任。查一查施先生的著譯書目，就會發現自1929年出版第一部翻譯小說《多情的寡婦》（奧地利顯尼志勒著）開始，施先生在1949年以前出版的譯文集就有17種之多，而他的文學創作集總共13種。更重要的是，施先生一直十分重視文學翻譯，認為文學翻譯是中國近現代文學進程中不可或缺的有機組成部分。他力排眾議，在編纂《中國近代文學大系》時堅持必須收入翻譯文學集，並親自擔任主編，撰寫萬言長文詳加闡釋，即為顯著的一例。而在此之前出版的大名鼎鼎的《中國新文學大系》，卻是不收翻譯文學集的。

　　已有明智的論者在著手研究施先生的文學翻譯了，這對施蟄存研究的深入無疑大有裨益。但論者探究的目光還只停留在他二三十年代對奧地利心理分析小說家顯尼志勒的系統譯介，以及顯尼志勒對他小說創作的影響，有意無意地忽略了施先生40年代的大量譯作。編選這部《老古董俱樂部》的目的，就是試圖填補這個空白。

　　施先生四十年代侷居東南一隅，輾轉福建永安、廈門、三元等地執教，其間常在鄉間昏黃的燈火下潛心研讀歐洲各國優秀文學作品，尤對「弱小民族文學」情有獨鍾，陸續「擇優翻譯」。這就是短篇小說集《老古董俱樂部》和中篇小說《勝利者巴爾代克》的由來，再加上重加修訂的舊譯顯尼志勒中篇《自殺以前》，列為「北山譯乘」第一輯前三種，於一九四五年九月、十月和十二月由福建永安十日談社初版。我一直珍藏著施先生生前惠贈的《老古董俱樂部》初版土

紙本，施先生還特地關照我：按施先生的設想，「北山譯乘」第一輯還將推出《沙洛揚小説集》、《尼采的晚禱辭》（茨威格等著）、《美痣》（繆賽著）、《沙上的足跡》（果爾蒙著，施先生很喜歡這個書名，晚年出版回憶錄時特意借用）等，共十種，而且已經廣告，可惜均未果。

　　施先生顯然對這薄薄的三冊譯本有所偏愛，因為它們是他在烽火連天的年代裏「最心賞」最想翻譯的外國文學「珍珠」。抗戰勝利後，施先生回到上海，繼續他的教學、寫作、翻譯和編輯並重的煮字生涯，於一九四八年九月由上海正言出版社新推出他翻譯的「域外文學珠叢」，《老古董俱樂部》改題《稱心如意》列為第二種，《勝利者巴爾代克》則列為第三種。「譯叢」第一種是《丈夫與情人》（匈牙利莫爾那著），此書早在一九八二年就已由江西人民出版社重印了。值得注意的是，施先生原本還有翻譯出版法國紀德的文評集《擬客座談錄》的打算，雖然也未能成功，但本書「下編」中保存了《擬客座談錄》第一和第八兩篇譯文，也算聊勝於無，可以告慰施先生在天之靈了。

　　出版這部《老古董俱樂部》是對施先生逝世一周年的一個小小的紀念。譯文集「上編」收中、短篇小説，「下編」收散文和散文詩，均為一九四九年後首次結集，有好幾篇還是在施先生提示下才在紙頁泛黃變脆的舊報刊中找到的。我期待此書會給施先生作品愛好者帶來新的驚喜，會使讀者對施先生開啟的「西窗」有與以往不同的新的認識。只是施先生生前修訂這些譯文包括統一譯名的願望已無法實現，只能懇請讀者諒解。

感謝施先生家屬授權，也感謝廣西師大出版社玉成出版。全書冠以「老古董俱樂部」的書名，是安迪兄的主意，真好。

二〇〇四年十二月十八日急就於滬西梅川書舍

（原載二〇〇五年四月廣西師範大學出版社《老古董俱樂部》初版）

# 「批判馬克思主義」的十四行詩

## ——孫大雨的〈獄中商乃詩四首〉

**周策**縱先生在〈我和孫大雨先生認識的經過〉一文中深情地回憶了兩人「君子之交」（載二〇〇四年三月臺北中央研究院《中國文哲研究通訊》第二期）的始末，文中提到了近二十年前的一件事：

> 一九八六年十一月七日那一天，我在上海見到他時，他曾把幾篇sonnet的手稿給我看，那些是他用十四行體寫的批判馬克思主義很厲害的作品，也可能是唯一用這種體裁批判馬列主義的作品。可是那些都是不能在大陸給人看的詩，更不消說發表了。可是他只有那份手稿，我又第二天就要飛回美國。那時天色快黑了，陪我去的招待員更不願我有時間抄寫那幾首詩，他可能也怕把那種詩傳到國外去，催著我趕快離開。在這種情況下，孫大雨先生和我只好放棄一切希望了。我

素描

至今還很遺憾沒把那幾首詩抄下來。不知現在大陸還有人保存這些詩麼？

　　周先生的遺憾、擔心，當然是完全可以理解的。孫大雨先生那些「批判馬克思主義」的十四行詩很別致，很重要，如果失傳，確實是太可惜，太可惜了。然而可以請周先生釋念，並可告慰孫先生於地下的是，孫先生的〈獄中商乃詩四首〉，即周先生所看到的「批判馬克思主義」的十四行詩的手稿影印件完好地保存下來了，正在我的手中。時隔二十餘年，現在是到了將這些十四行詩公諸於世的時候了。先把這組詩照錄如下：

一、

盛夏已經到來，不遠處剛響過
　一陣急管繁弦的知了底鳴聲。
　　宣傳總路線的鑼鼓，從清早
到深更
半夜，在街上或遠或近地穿梭

青年孫大雨

孫大雨〈獄中商乃詩四首〉手跡

來往不休，已聽了記不清的次數。

　　叫賣棒冰的喊聲，慵懶而遲鈍，

　　掩不住鄰街算命的小銅鑼，一聲聲

清越得徹人心肺，說命運底虛無。


我被判「徒刑六年」後，來此作孤獨

　　禁閉，──這想必又是在「思想改造」，

　　也叫「考驗」，──到如今已過了三十天，

但「階級」底冤魂野鬼還有待於驅逐，

　　還得關下去，生命便這麼消耗掉，

　　在百無聊賴中，不剩灰燼或殘煙。


　　　　一九五八年六月二日初次入獄，此詩作於七月上旬。


二、

「一條狗當權，人得服從它，」黎琊王

　　道出了這至理名言。馬克思自稱

　　好誦讀莎翁，怎麼竟不懂資本

不過是表象，但權力，那萬惡的魔皇

本體，赤裸裸沒有了掩蔽，卻猖狂

　　險惡，毒辣專橫，千百倍於（人們

被誤引、錯認作壓榨剝削底禍根）

所給予受害者的饑餓、迫害與喪亡。

（老馬，誰說你一鳴驚人真識途！

原來你是被悲慘的紊亂所迷惑，

開出了愚拙的醫方，刻舟去求劍，

緣木撒網捕魚鱉，守株以待兔；

你的俄羅斯徒弟跟著你入了魔，

造成新沙皇迷信的慘酷奈何天！）


　　　一九七〇年十二月五日由「文化大革命」（武化反革命）之「拘留審查」中二次出獄，出獄後八年餘於一九七九年八月間續成。

注：馬克思這個江湖郎中好心有餘，理智不足，他所開出的「無產階級專政」這張醫治西歐（十八世紀中葉從英國開始）產業革命（Industrial Revolution）底悲慘社會現狀的藥方所追求的社會公平就是這裏的劍、魚鱉或兔子。他把西方化了兩個多世紀好不容易建立起來的初具規模的民主政治（英國花了四十七年，一六四二至一六八八年，美國花了八年，一七七六至一七八三年，法國花了八十二年，一七八九至一八七〇年），即以自由、平等、博愛為原則的立憲國體和代議政府制度，一腳踢翻，而倡議「無產階級專政」（dictatorship of the proletariat），結果造成一九一七年俄國底新沙皇樣板，即所謂列寧主義底蘇維埃政體，而這政體在實施上又被城市惡霸史達林所惡化。如今這體制底實質威脅著要把整個人類消滅掉！

三、詠史

自古行霸術，講權詐，首推秦皇，
　　吞六國，他橫行無道，圖萬世天下；
　　論版圖遼闊，武功顯赫，要誇
阿鐵拉，他席捲歐亞兩洲許多邦；
還有個亞歷山大，在希臘為土
　　難填欲壑，定要到印度去道寡
　　稱孤，又有那「神聖」的帝國號羅馬，
昏暗了歐洲八百年，才告淪亡……

在近世，海上的霸主不列顛，「天常明，
　　日不夜」，百年來威鎮著五洋六大洲，
　　　但如今敗象已露，日子也不久長；
拿破崙，希忒勒，倭天皇，春夢都已醒。
　　奉勸後起的強徒莫倡狂，要據有
　　　新舊兩世界，你們莫妄想，莫妄想！

注：阿鐵拉（Attila，四〇六？至四五三年），匈奴王，據說他在位時
（四三四至四五三年）橫行歐亞，被稱為「上帝下降的災難」（the
Scourge of God）。

四、

想起自古來有多少忠義賢良

豪傑士，畢生肝膽照人，射光芒
萬丈，遭際得悲慘壯烈，被流放，
受刑戮，瘐斃在獄中更是尋常；
又想起有多少奸邪嬖佞，心腸
　比豺狼蛇蠍還惡毒，卻騰達飛黃，
　安享榮華到老死：──我胸懷坦蕩，
一切都付與命運去安排打量。


我銀鐺入獄，「罪名」是「誹謗、誣告」，
　日影遲遲，得捱過兩千二百天；
　　不知有多少人「言者無罪」，被圍剿
成「右派」，橫禍都出在「知無不言
　言必盡」：同仁們，得失榮枯何足道；
　　要寸心磊落，炳耀去來萬千年！


　　　　　　　第二、三、四首作於一九五八年七、八、九月間


　　我已記不清是什麼時候開始去拜訪孫大雨先生的，反正是上個世紀八十年代後期他從上海南市舊宅遷居衡山路新建的高知樓之後。與他成為鄰居的，據筆者所知，就有王元化先生、王遽常先生、趙清閣先生等前輩。那時孫先生已從復旦大學轉到華東師大外語系任教，我既是後生小子，又與他有共事之雅。我為了研究新月派，特別是研究徐志摩和梁實秋，去向他請教，馬上就發現他本人作為新月派極具特

色的一員也值得認真研究。他的十四行
詩和格律詩論，他的莎士比亞著作翻
譯，都已在中國現代文學史上留下了深
刻的印記。著名批評家梁宗岱在評論他
的十四行詩〈決絕〉時就指出過：「把
簡約的中國文字造成綿延不絕的十四行
詩，作者底手腕已有不可及之處。」著
名文學史家唐弢更直截了當地宣稱，在
現代格律詩中，「我愛孫大雨的〈決
絕〉。」

　　孫先生的〈獄中商乃詩四首〉是
他的最後詩作，因為目前所知他最晚的
十四行詩是一九四三年在重慶時寫給遠
在上海的愛妻的〈遙寄〉四首，而〈獄
中商乃詩四首〉作於一九五八至七九年
間。孫先生是率直的詩人，愛憎分明，
我拜訪他時，他臧否中國當代政要包括
毛澤東、劉少奇、周恩來諸公時，常有
驚人之語。這四首〈獄中商乃詩〉正是
在某次聊天時談到他解放以後的不幸遭
遇，談到當時當權者如何對他「專政」
時，他向我出示手稿並同意我影印的。
九年前，搜錄較為完備的《孫大雨詩文

《孫大雨詩文集》

集》由河北教育出版社出版，由於〈獄中商乃詩四首〉對「馬克思主義」和「無產階級專政」直言不諱，觸犯時忌，所以無法收入也就是必然的了。

　　馬克思主義是有生命力的，但作為一種意識形態，馬克思和馬克思主義是否可以批評，是否始終「放之四海而皆準」，答案是不言而喻的。今天歐美學界從「西方馬克思主義」到「後馬克思主義」眾說紛紜，各種思潮層出不窮，即為明證。孫先生不是理論家，他從詩人的直覺，從親身的經歷，對上個世紀五十年代以降中國大陸的「反右」和「文革」等歷次政治運動進行了控訴，對馬克思的資本理論和「馬克思主義」在中國的傳播和異化提出了質疑，未必允當，卻無疑應該引起人們的深思。從詩藝的層面考察，由於我對十四行詩缺乏專門研究，對這四首〈獄中商乃詩〉的藝術價值不敢妄加置評，但在中國當代政治詩中，它們也無疑占有極為凸出的位置，誠如周策縱先生已經指出的，它們可能是「唯一運用十四行詩這種體裁批判馬列主義的作品」，頗具創意。

　　今年是孫大雨先生誕生一百周年，就用這篇文字作為對這位個性極為鮮明、風格極為獨特的天才詩人的紀念吧。

二〇〇五年一月二十三日於滬西梅川書舍
（原載二〇〇五年七月香港《明報月刊》第四七五期）

## 最長壽的新文學作家

二十世紀的中國作家，歷經坎坷，命運多舛，夭折、英年早逝和非正常死亡的，可以列出一份很長很長的名單。然而，期頤高壽的也有人在。鄭逸梅和林庚享年九十七歲，包天笑享年九十八歲，冰心、施蟄存、臧克家享年九十九歲，顧一樵（毓秀）享年一百歲，巴金享年一百零一歲，蘇雪林享年一百零二歲，都是德高望重的文壇人瑞。剛剛駕鶴西去的章克標先生，享年高達一百零八歲，到了「茶壽」了，堪稱最長壽的中國新文學作家。

我認識章克標先生早在一九八五年秋，那時候我到浙江富陽參加郁達夫遇害四十週年國際學術研討會，會後與研究魯迅史料著名的陳孟熊先生同行，特地到海寧去拜訪章克標，談了些什麼，而今已不復記憶，但八十五歲老人的豁達、機敏乃至俏皮，卻給我留下了深刻的印象。其時章克標還未在中國文壇「復出」，知道他大名的還不多，他的散文集《文壇登龍術》和長篇小說《銀蛇》還未重印，他在改革

晚年章克標

開放後新撰寫的第一本文學回憶錄《文苑草木》問世，也要到整整十年之後。

近年人們提到章克標，總要説他是金庸的老師，這當然千真萬確。但即使不是金庸之師，在中國新文學史上，章克標的名字也是不應該被遺忘的。章克標早年負笈東瀛，學的是數學，但為當時的風尚所吸引，迷戀新文學。他回國後與滕固等聯手組織獅吼社，協助邵洵美編輯《金屋月刊》，接著又參與林語堂主編的《論語》的創辦等等，都是有聲有色。據章克標晚年回憶，《論語》這個雅俗共賞的刊名的確定，也是他靈機一動的絕妙主意。他還是黎烈文主編的《申報‧自由談》的主要撰稿人之一，署名「豈凡」的雜文不失辛辣幽默。做為小説家、雜文家、編輯家和日本文學翻譯家，章克標在上個世紀三十年代文壇的地位是無庸置疑的。同樣需要指出的是，儘管章克標與當時上海灘的許多文學社團和派別友善，並無大的過節，但與左翼文學陣營的關係一直比較緊張，查閱《魯迅全集》，就不難發

現魯迅對他的不滿和嘲諷，雖然其中有著歷史的誤會。

　　章克標的小說代表作無疑應推《銀蛇》（一九二九年一月金屋書店初版），但這是部未完成的長篇。小說以轟動一時的「郁（達夫）王（映霞）熱戀」事件為主線，鋪陳當時新文學作家的生活、創作、交遊和情感糾葛。小說中的男主人公「邵逸人」影射郁達夫，女主人公「伍昭雪」影射王映霞，「作新社」就是影射創造社了。小說中的許多人物和情節都有藍本，寫得較為生動有趣。據說晚清四大譴責小說之一的《孽海花》（這部名作也是以影射著稱）的作者、文壇前輩曾孟樸讀了《銀蛇》原稿，還「很讚美」。有論者據此把章克標歸入「中國現代言情小說作家」之列。章克標本人在《世紀揮手》中則是這樣解釋的：「《銀蛇》叫做長篇，其實只開了個頭，是以郁達夫追求王映霞的事情為線索而寫的，因為大家知道了模特兒是這兩人，所以不好意思再寫下去了。」

　　第二次拜訪章克標已到了一九九八年十一月七日，同行者是臺灣「中央研究院」中國文哲研究所的彭小妍女士，還請了現在已不復存在的嘉興秀州書局主持人范笑我兄引領。那天我的日記是這樣記載的：

　　　　上午與彭小妍赴海寧。范笑我在嘉興上車，陪同至海寧拜訪九十九歲的章克標，請其談邵洵美、獅吼社、魯迅等，頗多不刊之論。請章克標先生在《文壇登龍術》在版本上簽名留念。

《文壇登龍術》評說三十年代文壇的形形色色，時有針砭，具體而恰切，是章克標的又一代表作。書中披露的筆會〈緣起〉，還是徐志摩的佚文，我在考證國際筆會中國分會活動時引用過。此書上下兩冊線裝，扉頁署「綠楊堂藏版」。章克標在《九十自述》一書中回憶《文壇登龍術》是「自費出書」，「讓時代書店為發行的總經售」，為此「造出了無中生有的『綠楊堂藏版』來」。《文壇登龍術》一九三三年五月間出版，初版兩千部很快銷售一空，再版又印了三千部。我所藏的就是同年十月的再版本，九十年代初得之於北京中國書店。章克標見到此書，如見久違的故人，欣然揮筆題字：

《文壇登龍術》再版本封面。

> 見此六十多年前的老書，如同見了老朋友一樣的欣快，謝謝！
>
> 章克標於一九九八年十一月識
>
> 我今年百歲欠一

《文壇登龍術》再版本扉頁，
環襯上有章克標題詞。

又鄭重其事地鈐印兩方，一方是他的名印，另一方是閒章「百歲勞開」。其時他正好虛歲九十九歲，所謂「百歲勞開」，又所謂「百歲欠一」是也。越年就是一百歲，他就發表有名的百歲徵婚廣告了。

章克標百歲徵婚，曾引起不小的轟動。這是上海《申江服務導報》編者的創意，一九九九年一月十三日，章克標「徵伴求侶啟事」就大幅刊登於該報。「一石激起千層浪」，為章克標的勇敢叫好者有之，批評章克標老不正經者更有之。如果我沒記錯，兩個月前訪問章克標時，已談及徵婚啟事。他相依為命多年的老伴謝世，生活頓時頗感孤單，有位女子不請自來，說是要照顧他的起居。老人立即予以婉拒，只招待她在二樓住了月餘，最後把她恭送出門。我好奇地問其原因，老人的答覆令我又驚又喜：「她不合適，她想『控制』我。」年屆百歲，頭腦還如此清醒，實在不多見。

對待兩性關係，章克標一直持開放的誠實的態度。他在《世紀揮手》中就不諱言年輕時偶涉風月場的荒唐。他百歲徵婚，也不是譁眾取寵，而是經過深思熟慮，固然期待有人作伴，「開口說話」以慰「孤獨寂寞」，對世俗的婚姻觀念其實也是一種挑戰。相比之下，楊振寧先生的「黃昏戀」是小巫見大巫了。可以想見，當時應徵者如雲，老中青都有，各種目的都有。經過慎重挑選，章克標終於找到了情投意合的「另一半」，比他小四十三歲的劉女士，他為她改名林青（上海話所謂「靈光」、「煞清」）。我有幸參加老人的婚禮，見證了二十世紀中國文壇唯一的百歲作家的「百年好合」。一九九九年八月二十五日日記記云：

晚至延安飯店參加申江服務導報社為百歲老人章克標新婚舉行的喜慶宴會。同席除章老夫婦外，還有石虎、王富榮、趙麗宏、蔣啟韶等。席開兩桌。章老妙語如珠，在答記者問時稱，找理想伴侶，找了整一百年，終於找到了她！頗為機智。金庸在賀信中引用袁枚詩句：「老尚風流是壽徵。」得章老題贈《世紀揮手》。贈以新鮮（長白山）人蔘兩支以為祝賀。

日記的記載還是簡略了。記得當時有記者問老人心情如何，是否高興。章克標笑答曰：「我高興不高興並不重要，重要的是要讓你們記者高興。」真是思路敏捷，對答如流，對媒體的認識可謂深刻而超前。

章克標先生的生命力是如此堅韌頑強，在百歲婚禮之後又與新夫人相濡以沫八年之久，才溘然長逝。隨著章克標的離去，上個世紀二三十年代成名的新文學作家，除了當時剛嶄露頭角的楊絳先生、季羨林先生、徐芳先生、徐中玉先生和賈植芳先生等仍健在外，其餘都已隱入歷史，一個燦爛的文學時代終於要接近結束了。

古人云：「壽則多辱」，章克標卻不然。他晚年不但出版了帶有總結性質的《章克標文集》（兩卷本），留下了大量頗具史料價值的文學回憶錄，包括對他自己當年「落水」的懺悔，也以百歲徵婚再次證明他的特立獨行，與眾不同。正如我在《世紀揮手》序中所指出的，章克標以漫長而又曲折的一生，「為自己曾參與其事的中國現代文學發展史做見證，為二十世紀中國大陸所遭遇的多災多難做見證，舉世能有幾人？」

二〇〇七年二月八日急就

**聽到**林淡秋先生逝世的噩耗，我不勝悲痛。作為一個青年文學研究者，我有幸兩次面聆林老的親切指教，那時的情景至今歷歷在目。

我第一次見到林老是在五年前的陽春三月，當時我正和另兩位同事為注釋魯迅書信到杭州調查訪問。在那之前，我已讀過林老的短篇小說集《散荒》（一九五五年人民文學出版社），書中對弱小者的同情，對反動者的憎恨，以及冷峻、簡潔的藝術風格，深深打動了我。因此當我們聽說林老就住在杭州大學教工宿舍時，真是喜出望外，但又聽說他還沒有「解放」，不知能不能去拜訪。

於是，我們試請杭大同行代為接洽，誰知林老一口答應，歡迎我們去。那天下午，林老和藹可親，和我們侃侃而談。他根據自己的親身經歷，較為詳細地介紹了「左聯」後期的革命活動，特別對兩個口號論爭，從產生論爭的政治背景、具體經過到歷史根源，都一一作了解答，還坦率地談了他自己當時的思想和後來的認識。兩個口號論爭的問題，在十年浩劫中被「四人幫」搞得混亂

懷念林淡秋

晚年的林淡秋。

不堪，林老以當事人之一的身份回憶提供的許多情況，給我們很大的啟發。同時，林老認為只有重視調查研究，掌握第一手材料，才有可能注好魯迅著作。並且提醒我們，許多老同志年事已高，必須抓緊時間搶救史料，把魯迅著作中牽涉到的人和事搞清楚。林老建議我們訪問住在他隔壁的孫席珍先生，訪問許欽文、黃源、陳學昭等前輩和當時還戴著「反黨分子」帽子的陳企霞先生，並再三表示自己與魯迅沒有直接接觸過，有些問題無法解答，有些問題因時隔多年，也可能記錯了，而這些老同志都與魯迅有過交往，應好好向他們請教。

當時離打倒「四人幫」僅半年，還是乍暖乍寒的時節，而我們在林老家中卻如坐春風，林老諄諄的教導，殷殷的鼓勵，使我愈發感到自己從事的工作責任重大，時間緊迫。而今，注釋《魯迅全集》的工作雖然已順利結束，林老那些語重心長的話，仍不時在我耳邊迴響。

前年四月下旬，我隨同許杰等先生

到杭州參加浙江文學學會成立會，在開幕式前，再一次見到了林老。與上次見面已相隔整整三年，沒想到林老還認識我，同我熱情握手，關切地詢問我們注釋工作的進度。我那時正在研究左聯的最後一個機關刊物《時事新報》副刊《每週文學》，想到林老是「左聯」後期三名執委之一，我在談話中就把一份《每週文學》目錄呈交林老，向他請教。林老高興地邊翻看目錄，邊回憶說：《每週文學》是左聯為適應「新生事件」發生後的新形勢，委派周立波和王淑明去辦的，得到了魯迅的支持，徐懋庸、何家槐也經常關心該刊。《每週文學》出版時間雖不長，在當時文壇鬥爭中還是起了很大的作用。當我提到林老也曾在該刊上發表過文章，他卻謙虛地表示：這些東西都很幼稚，不值得提了。經我催問，他才證實除了署名林淡秋的文章外，還在該刊上用過林彬的筆名。臨別時，我請林老在百忙中再抽空看看目錄，回憶該刊上一些署名文章是誰的筆名。林老考慮了一下，同意了。他最後還對我說：今天沒時間多談了，以後如有問題，可寫信給我。

回滬後過了一段時間，杭大的同行轉告我說，林老由於體弱事多，更由於時隔多年，雖經一再回憶，仍難以記起一些老同志的筆名，因此向我致歉，請我諒解。我這才明白林老當初為什麼沒有立即答應我的請求的原因。林老對回憶文壇往事，態度是認真的慎重的，尤其是對別人的筆名這種問題，如無確切把握，不願隨便推測，以免貽誤後學。但為了不使我失望，盡可能的做了回憶，在實在無法確認的情況下才託人轉告我。這種對訪問者負責、對後人負責、對歷史負責的嚴肅態度，使我深受感動。我領悟到我們搞學術研究，不正迫切需要這種實事求是的精神嗎？

我原以為今後還有機會接受林老的教誨，誰知那次分別竟成了永訣。我痛惜失去了一位良師，一位令人尊敬的前輩。林老謙虛謹慎、實事求是、關心後學的長者風範，永遠值得我懷念，永遠給我以啟示和鞭策。

（原載1982年7月《隨筆》第22期）

# 附記

　　現在的讀者，哪怕是年輕的中國現代文學研究者，恐怕都會對林淡秋先生感到陌生。不過，如果提起上個世紀六七十年代風行一時的兩部譯製電影《列寧在十月》和《列寧在一九一八》，相信會有很多人知道。這兩部電影文學劇本的譯者不是別人，正是林老。林老不但是小說家、編輯家，同時也是頗有成就的歐洲和前蘇聯文學翻譯家。

　　對林老的人品和文品，王元化先生的〈記林淡秋〉（收2006年1月人民文學出版社初版《人物‧書話‧紀事》）有恰切的評價，他稱林老是「一位尊敬的友人，一位在我青少年時代引導我走上文學道路的兄長，一位平易近人，率直、熱情、質樸的革命者」。

　　據元化先生回憶，林老生前對他說過，是「左聯五烈士」之一的現代優秀小說家柔石引導林老走上文學道路的。眾所周知，柔石終生服膺的引路人是魯迅，而林老又是引導元化先生「走上文學道路的兄長」，從魯迅到柔石到林淡秋到王元化，中國新文學的左翼之路就是這樣薪火相傳的。

二〇〇六年二月十二日補記

# 夢家的夢

**這是**二十年前的事了。那時我每到北京，必要去拜訪趙蘿蕤先生。趙先生住在美術館後街二十二號，一座精緻安靜的四合院裏。我在那裏度過了許許多多愉快的下午，聽趙先生回憶文壇往事，追述學界軼聞，觀趙先生劫後倖存的中外文善本珍籍和名家手跡，實在是難得的精神享受。

我們的話題離不開陳夢家先生。趙先生是夢家先生的夫人，寫過感人的〈憶夢家〉。儘管相隔多年，説到陳夢家悲慘的棄世，趙先生依然唏噓不已。一次我好奇地詢問趙先生，陳夢家是國內數一數二的明式傢俱收藏家，有沒有可能讓我見識見識劫後倖存的陳夢家的珍藏？趙先生一聽樂了，説：「你坐的不就是明代的椅子嗎？」原來趙先生客廳和書房中的擺設，差不多全是明式傢俱，我是「有眼不識泰山」，鬧了笑話。

我知道陳夢家早年是聞一多的高足，「新月派」代表詩人之一，後來轉向古史和

素描

陳夢家和趙蘿蕤。

陳夢家譯《歌中之歌》
（「良友」一角叢書之一）。

古文字研究，同樣卓然成家，獨步海內外學術界。陳夢家考古方面的研究成果，如《殷虛卜辭綜述》、《尚書通論》這樣的大書早已問世，但這不應也不能掩蓋他新詩創作的獨特魅力。我不止一次向趙先生提起應該編纂陳夢家新詩集，趙先生也認為值得做，只是她的時間和精力已不允許。我本有意嘗試，後來讀到清華藍棣之兄所編《陳夢家詩全編》，雖然有所遺漏，畢竟為陳夢家研究做了一件大好事，我樂觀其成。

但我讀三十年代的《新月》和《中央日報》，讀四十年代的《國文月刊》和《觀察》，讀五十年代的《詩刊》和《人民日報》，發現陳夢家還有不少詩歌之外的文字從未結集，其中有小說，有抒情散文，有文藝評論，有觀劇雜感，還有討論文字改革的，介紹青銅器文化的，等等等等，琳琅滿目，美不勝收。原以為陳夢家以詩人名，以考古學家名，沒想到他的創作和治學領域是如此廣闊。一個新的設想由此萌生，何不再編一本陳夢家新文集——詩集和學術

專著之外陳夢家的文學創作和學術隨筆
集？這樣，陳夢家文學和學術生涯中鮮
為人知的一面，也許可以得到清晰的展
示。我想，這應該也是陳夢家的一個未
了之夢。

經過數年斷斷續續的努力，其間還
得到北京藏書家趙國忠兄和中國社科院
考古研究所同仁的熱情協助，終於編成
這部《夢甲室存文》。「夢甲室」是陳
夢家的書齋名，大概是取對甲骨文念茲
夢茲之意；「存文」則是相對於陳夢家
的新詩自選集《夢家存詩》而言，自以
為這個書名起得還不錯。

淺學如我，自然不可能對這部豐富
多彩的《夢甲室存文》作出全面恰切的
評價。我只想提出一點，陳夢家的文字
追求在不同的歷史時期有不同的表現，
同時也是真誠的不俗的表現，哪怕是
五十年代那些打上時代烙印的文字仍是
如此。陳夢家年輕時的憂鬱浪漫、宗教
情懷，中年轉型後的謹嚴治學、厚積薄
發，以及對學術見解的頑強堅持，都能
從《夢甲室存文》中真切地感受到。

陳夢家主編的《新月詩選》。

趙蘿蕤題贈本《我自己的歌》
（惠特曼著）。

北京美術館後街二十二號已經不復存在了，幸好我還保存著當年趙先生寄給我的一隻落款「北京美術館後街二十二號旁門趙蘿蕤寄」的信封，作為我與趙先生交往的小小的見證。陳夢家先生離開我們也已整整四十年了，《夢甲室存文》的出版，相信是對這位大詩人、大學問家的最好的緬懷和紀念，也是對趙先生當年鼓勵我整理陳夢家作品的回答，可惜趙先生已經看不到了。

丙戌夏日於海上梅川書舍

（原載二〇〇六年七月中華書局初版《夢甲室存文》）

## 辛笛老為《手掌集》初版本題詞

**三年**前，我在現已關門大吉（這實在是件令愛書人遺憾的事！）的上海四川北路「福德廣場」舊書區，覓得「九葉詩派」掌門人辛笛老的代表作《手掌集》1948年1月上海星群出版公司初版本。此書封面和扉頁的套色圖案都選用了英國版畫家裘屈羅·赫密士（Gertrude Hermes）的木刻《花》，十分別致，也很貼切。

在眾多中國新詩人的詩集中，這冊薄薄的《手掌集》不但以其精湛的現代詩藝獨樹一幟，為文學史家所重視，而且初版本以其精美的裝幀和版式設計引人注目，為藏書家所寶愛。

我原藏有書品完好如新的《手掌集》初版本，1994年赴臺北參加學術研討會時遵「紅粉贈佳人，寶劍贈英雄」的古訓，送給曾給《手掌集》以高度評價的臺灣詩人瘂弦先生了。他在1981年出版的《中國新詩研究》一書中稱辛笛老和他的《手掌集》「是

辛笛著《手掌集》初版本。

王辛笛詩稿書贈陳子善。

二十世紀二十年代到四十年代中國純正詩派一貫發展的代表」。所以，我這次是第二次擁有《手掌集》初版本，雖然書品比第一次擁有的稍舊。於是，靈機一動，送請辛笛老在此書扉頁題字。老人家一直對我有求必應，從八十年代到九十年代，他就應我之請多次書寫詩幅，其中之一如下：

> 不拘一格破樊籠，
> 投老何能涸轍窮。
> 煙雨中秋偏妒月，
> 星晨昨夜半回風。
> 駕文信美難為水，
> 蟻業無多瞬更空。
> 自古書生病迂闊，
> 捋鬚到斷句方工。

右為一九七三年九月步槐聚居士（中書君別號）〈談藝三章〉原韻之作，茲錄其一以應子善先生雅屬
一九九二年孟夏八十病叟王辛笛

這次果然又欣然命筆：

> 子善先生博學多才，名馳內外，僕先讀其文而後識其人，不免相見恨晚。今天子善先生以拙作《手掌集》相示，係於數年前在故書攤上購得者，令我十分汗顏，益感人生得一知己，足矣。因題數語，以志書緣。
>
> 二○○一年七月
> 辛笛時年九十

辛笛著《手掌集》扉頁和環襯題詞。

辛笛老對我的讚譽當然是我愧不敢當的，真正汗顏的應該是我，但這不妨看作前輩對後學的勖勉。《手掌集》初版本已很難得，而今我又收藏了辛笛老親筆題字的初版簽名本，那就更為難得了。辛笛老已以九十二歲高齡仙逝，翻閱這冊初版本，凝視著辛笛老墨色仍濃的親切的題字，回想起與辛笛老交往的點點滴滴，我的思念之情油然而生。

辛笛、辛谷著《珠貝集》。

（原載二○○四年五月
南京《開卷》第5卷第5期）

## 他記錄了「上海的早晨」

一九八六年十月，也即著名現代作家巴人（王任叔）誕生八十五周年之際，我到寧波參加第一屆巴人學術研討會，發現與會文壇前輩中有周而復先生。他是應巴人公子王克平兄之請而來的。以他三十年代上海左翼青年作家的身份，與左聯重要成員巴人友誼匪淺，自然應該來，但似乎遭到冷遇。這是可以理解的。其時他剛從文化部副部長的高位上被免職不久，用時下的話說，就是很有點『背』。

我有個偏見，名人正風光，不必去湊熱鬧，弄得不好，反而會自討沒趣；而他不得志了，「門前冷落車馬稀」了，不妨去談談，也許會坦誠相見。因此，我叩響了周先生的房門。果然，他老人家有點意外。後來他告訴我，沒想到我會找上門去向他請教。

我們之間有說不完的話題。30年代新文學掌故，他是過來人，滔滔不絕，如數家珍。他的長篇小說《上海的早晨》也是一定

要談到的，「文革」中這部作品被打成「大毒草」，桑偉川挺身而出為之辯護事件我一直記憶猶新。周先生明言「無官一身輕」，正可著手醞釀已久的反映抗日戰爭的長篇《長城萬里圖》，並希望我能在史料搜集上幫他一點忙。我一口應允。分別時我問他，找到史料怎麼寄，他答曰寫「北京文化部周而復收」九個字即可。他老人家到底是經過大風雨大世面的，口氣仍然不小。此後三四年裏，我與周先生魚雁不斷。

一九八七年二月二十二日他給我的信是這樣寫的：

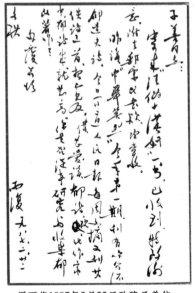

周而復1987年2月22日致陳子善信。

> 子善同志：
>
> 寄來《汪偽十漢奸》一書已收到，特致謝意。附去郵票代書款，望查收。
>
> 昨讀《中華英烈》今年第一期，刊有你介紹郁達夫詩。今日（廿二日）《人民日報》「每週文摘」又刊其佚詩三

首，想己見及。僕甚愛讀郁詩，現代作家中，郁詩成就甚高。你是否從事研究與收集郁氏著作？

匆復，並頌

文祺

　　　　　　　　　　　　　　而復　一九八七、二、廿二

　　原來周先生也喜歡郁達夫的舊體詩。我早在七十年代末就著手研究郁達夫，因為有些左翼作家對郁達夫偏見甚深，有位當年也在上海灘上寫寫情愛小說的左翼作家，到了八十年代還對出版《郁達夫文集》大放厥詞，我就沒對周先生提起郁達夫，故而他有此一問。

　　一次進京，我專程到周先生府上拜訪，觀賞他即興揮毫。周先生是有名的書法家，寫字時神情頗為瀟灑自如。既然他老人家也愛讀郁達夫詩，我就厚顏請他為我書寫郁達夫詠魯迅七絕。這幅字筆力遒勁，為我所寶愛，至今仍懸掛在我書房裏，詩曰：「醉眼朦朧上酒樓，吶喊彷徨兩悠悠。群盲竭盡蚍蜉力，不廢江河萬古流。」

　　在二十世紀中國文學史上，周而復先生是留下了鮮明印記的。但近年出版的幾種影響較大的當代文學史著作都沒有提到他，未免有點不公平。單憑《上海的早晨》是「文革」前十七年惟一一部較為正面的反映上海民族資本家生活的長篇小說，就不該遺漏他。《上海的早晨》極為難得地描繪了50年代初期上海都市生活的廣闊圖景。由於周先生當時擔任中共上海市委統戰部第一副部長，與資產者階層有著廣泛的接觸，所以《上海的早晨》對當時上海資產者的日常生活、經濟活動和喜怒哀樂，描寫頗為真實；對都市在大變革中，原先的中心勢

力迅速邊緣化引起的複雜反應也有生動地再現。《上海的早晨》固然難免當時的時代烙印，但說這部長篇是四十至五十年代上海風俗史、資產者心態史和城市變革史的文學記錄，應該是恰如其分的，聶紺弩在律詩〈贈周而復〉中就有句讚曰：「小說大書晨上海，口碑一傳夜神京。」

周先生的文學成就遠不限於一部《上海的早晨》。長篇小說《白求恩大夫》也是影響深遠，堪稱真正的「紅色經典」之一。我還覓得過他四十年代末出版的《北望樓雜文》一書，與同期其他眾多的雜文集相比，自成一格。但我沒想到他的《長城萬里圖》竟寫了六大卷，可見他構思的精深，創作的勤奮。前二卷《南京的陷落》和《長江還在奔騰》，我還收到他老人家的贈書，確實寫得氣勢恢宏，迴腸盪氣。

撰寫《往事回首錄》是周先生晚年的另一重要貢獻。這部長篇回憶錄曾在北京《新文學史料》連載，單行本剛剛問世。雖然有點冗長，雖然觀點正統，畢竟提供了許多珍貴的鮮為人知的第一手史料，對我們後人認識已經遠去的那個時代、那個時代的形形色色的人和事是不無裨益的。

周而復先生以九十歲高齡在北京謝世了。他與上海淵源極深，他的文學生涯在上海起步，他更為上海撰寫了長篇《上海的早晨》，我們應該紀念他。

（原載二〇〇四一月十六日《東方早報》）

# 無言先生

一九九〇年，早春二月，我赴香港參加香港大學中國現代文學研討會。這是我首次到香港，詩人、文史專家方寬烈先生擔心我人生地不熟，親自到深圳接我。那天中午我倆過關渡海，趕到北角的敦煌酒樓，無言先生早已等候在那裏為我接風，三人一起「飲茶」暢敘。這也是我首次與香港文壇前輩「飲茶」，以後雖然有過無數次，這第一次印象最為深刻，因為我與通信多年的無言先生見面了。

三天以後，港大的研討會順利結束。香港文友又為我舉行過一次難得的午宴，與會者有高伯雨、方寬烈、黃俊東、蘇賡哲和盧瑋鑾（也就是我在《香港文學守護使》一文中介紹的小思老師）諸位先生，無言先生當然也在座。他們異口同聲地說沒想到我那麼年輕，其實那時我已經四十出頭了。整整十五年過去了，伯雨先生和無言先生已經謝世，俊東先生遠在澳洲，寬烈先生也已垂垂老矣。今

年春節剛過，賡哲先生自加拿大飛來上海，我們闊別十二年之後再度重逢，都特別談起十五年前的那次歡聚。

這些香港文壇前輩中，伯雨先生、俊東先生和小思老師都已有著作在大陸出版，關心的讀者應該都能讀到，寬烈先生的新舊體詩集《漣漪詩詞》早已在海外詩壇大獲好評，賡哲先生的《郁達夫研究》也是出色的博士學位論文，惟獨無言先生的文字至今尚未結集，每念及此，我就不勝感慨。

無言先生與我同姓。他的生平，我是直到他一九九六年仙去，才從寬烈先生處得知一二的。他本名莊生，筆名陳野火、書丁，福建漳州人，生於一九一三年。高中畢業後當過小學教員、報紙副刊編輯，後來進入商界。抗戰爆發，無言先生輾轉浙閩粵港，嘗盡顛沛之苦，但仍堅持自學，一九四五年獲武漢大學文史畢業證書。一九四六年以後定居香港，長期在正大參茸行服務，商行易主後才離開。這樣一份履歷，充其量不過是當年不少安分守己的知識份子所親身經歷過的。但無言先生有一份對新文學的熱愛，有一份對新文學的執著。早在四十年代初旅居香港期間，他就與楊騷、楊剛、吳天等新文學名家頗多交往，以搜集早期新文學書刊為己任。退出商界以後，更是數十年如一日，孜孜搜求整理新文學史料，樂此不疲，這就不是一般人所能做到的了。

我是一九八四年由著名修辭學家鄭子瑜先生介紹，才與無言先生開始通信的。他們是老同學，友情甚篤。子瑜先生特別告訴我，你們都癡迷新文學，所以介紹你們相識交流。事實證明，子瑜先生此舉多麼英明，至少對我而言是如此。我得到了一位好老師，好嚮導。從八十年代

後期到九十年代前期，我與無言先生魚雁不斷，他所關注的中國現代作家，大都是我不熟悉，甚至是聞所未聞的，從無言先生那裏，我發現了自己的狹隘和膚淺。下面這份名單就是無言先生來信中囑託我搜尋資料的一部分現代作家：

劉延陵、高語罕、彭家煌、彭芳草、敬隱漁、白薇、常風、何家槐、傅彥長、張若谷、顧仲彝、伍蠡甫、周楞伽、盧夢殊、李白鳳、李白英、林憾盧、孫席珍、齊同。

陳無言收藏的梁宗岱著《蘆笛風》。

其中有幾位近年已受到大陸學界的重視，如劉延陵、如彭家煌、如常風，但絕大多數直到今天仍鮮有人研究。是無言先生，首次指出林徽因和林微音是兩個人，不能混為一談；是無言先生發掘了艾青四十年代的新詩集《土地集》，艾青老人見到此書影印本彷彿像找回了多年失散的子女那麼高興；是無言先生，首次較為全面的評述了吳天的戲劇成就；又是無言先生，首次介紹了梁宗岱四十年代的舊體情詩集《蘆笛風》……。

素描

陳無言贈送陳子善的《赤地之戀》
（張愛玲著）初版本。

陳無言題詞的《赤地之戀》扉頁。

　　無言先生不善言談，不擅交際，也不求聞達，為人十分低調。司馬長風的《中國新文學史》三大卷對八十年代以後的中國現代文學界影響不小，但有幾個人知道，這部文學史的寫作在資料方面得到了無言先生的有力支援！他對我這個後輩也是勉勵有加，無私相助。我的許多藏書都是他的饋贈。當他知道我正在研究張愛玲，立即就寄來了《赤地之戀》初版本，葉靈鳳到香港後出版的第一本散文集《忘憂草》也是他提供給我的，而在此之前，我根本不知道有這麼一本書。我初次見無言先生時，他已輕微中風，雙腿不良於行，仍堅持要引領我去舊書肆淘書。以後每次到港，都是如此，中環的「神州」、灣仔的「三益」、彌敦道的「實用」等等，都曾留下我們同遊的足跡。

　　最後一次拜訪無言先生，是在他普通的並不寬敞的寓所裏。他已坐在輪椅上，精神還不錯，指著好幾大櫃的新文學孤本和絕版書對我說，這是他多年辛勤搜羅的成果，凝聚著他大半生的

心血，我可隨意翻看，如果需要，盡可拿走。整整一個下午，我翻閱著這些書頁泛黃發脆，紙屑隨時都會飄落的珍貴書刊，好像在真切的觸摸這位新文學迷戀者的心路歷程，彼時彼景，至今記憶猶新。無言先生走後，他的藏書終於散出。前年冬天在香港北角的一家小舊書店裏，我偶然檢出一冊白薇的長篇《悲劇生涯》精裝本，打開一看，無言先生的藏書印赫然在矣，儘管只有下冊，是個殘本，我還是毫不猶豫地買下，作為一個紀念。

陳無言（左）、原香港求實出版社主持人龍良臣（右）、陳子善（中）90年代中期攝於香港實用書局。

無言先生不是學院中人，他對中國新文學的搜集、整理和研究純屬個人愛好，沒有「學院體制」的束縛，沒有現實的考慮，沒有功利的色彩，所以自由自在，率性而為。他比學院中某些所謂的專家學者可愛得多，有意思得多了。無言先生，我深深懷念你！

（原載二〇〇五年九月《美文》
第二一三期）

## 瑣憶薛綏之先生

**薛綏**之先生突然去世的噩耗傳來，我和上海魯迅研究界的一些朋友正在李文兵、陳漱渝兄討論《魯迅辭典》的條目，大家一時都驚呆了，簡直不敢相信這是真的。薛先生，您走得實在太快了！

我記性太壞，已記不起與薛先生首次見面的確切時間，據工白立兄回憶，是在北京參加《魯迅全集》注釋定稿期間，那大概是七八年或八○年的事。但我清楚地記得，我與薛先生開始通信比這要早，當時我為魯迅書信注釋中的幾個問題冒昧寫信向薛先生請教，他雖然與我並不相識，卻很快就回了信，熱情地作了解答。此後，他就經常把他編著的一些書刊寄給我學習，還謙虛地要我「指正」。其實，無論從年齡，還是學識，薛先生都是我尊敬的老師。

近年來，薛先生每次來上海，只要我知道，都要去拜訪他，聆聽他的教誨。我在龔濟民兄家裏見過他，在現代文學研究會理事會上

與他交談過……而薛先生每次見到我，也都關切地問這問那，頗多勖勉之詞。他稱讚自立兄與我合編的《郁達夫文集》和《郁達夫研究資料》，鼓勵我們繼續努力，在郁達夫研究上取得新的成績，可是我毫無長進，有負他的期望。

薛先生主編《魯迅著作研究資料叢書》，這是一項功德無量的大工程。他寫信囑我與王景山老師和自立兄合編一本書信研究資料。這是薛先生對我的信任，使我深受感動。他不時來信詢問工作進度，有否困難，還把他主編的幾厚本《魯迅生平史料匯編》寄贈我們參考。而今這套叢書剛出版了一種，為之花費了大量心血的薛先生卻已故去，我不禁要問，我們怎樣才能完成先生的遺願呢？

這次參加撰寫《魯迅辭典》事件部分條目，薛先生與湯逸中兄共同擔任該部分條目的審稿人，我為自己又有機會在薛先生指導下工作而深感慶幸，原以為不久又可與薛先生見面，向他求教了，萬萬沒有料到他這麼快就離開了我們。

薛綏之。

薛綏之主編的
《魯迅生平史料匯編》第一輯。

　　薛先生思想解放，治學嚴謹，他在學術上的成就，用不著我多
說，現代文學研究界的同仁有目共睹。假如天假以年，他一定能作出
更大的貢獻，每念及此，我就不勝悲痛。薛先生的逝世，對魯迅研究
和現代文學研究來說，確確實實是一個無可挽回的重大損失！

　　　　　　　　　　（原載一九八五年版《薛綏之先生紀念集》）

## 你知道魯迅先生是怎樣抽煙的嗎？
### ——郁風老師瑣憶

**認識**郁風老師是上個世紀70年代末的事了。那時我醉心研讀郁達夫，郁風老師是郁達夫的侄女，自然非拜訪請益不可。每次進京，我都要去向郁風老師彙報搜尋整理郁達夫作品的進度。她和黃苗子先生都很好客，儘管他們當時的芳嘉園住所又小又擠，仍一次又一次熱情接待我，有問必答，不厭其煩。

一次與郁風老師見面閒談，她突然嚴肅地問我，你對「郁（達夫）王（映霞）婚變」怎麼看？我陳述了自己的看法後，她笑了，說我們的觀點一致，不過，不一致也沒關係，我們可以爭論。接著她取出一份文稿交給我，要我好好研究。這是郁達夫〈毀家詩紀〉抄稿的複印件，我不禁納悶，郁達夫這組「可以稱為絕唱」（郭沫若語）的舊體詩不是早就公之於世了嗎，何況又是再平常不過的抄稿，為何還要我「研究」？她見我一臉疑惑，提醒我注意抄稿右上角茅公（茅盾）的一段批語，和抄稿末尾的落款「知名不

具」，我這才驚覺起來。回滬後認真一查，不得了，這份〈毀家詩紀〉的字句特別是詩後的「原注」竟與早已在香港《大風》旬刊發表，後由《大風》主編陸丹林保存並捐獻，現仍珍藏在北京圖書館的那份手稿大有出入，是我們長期一無所知的〈毀家詩紀〉的另一種手稿！考證其真實性，研究其價值，探究其來龍去脈，就成了郁風老師交給我的重大「任務」。我後來果然真的見到了這份珍貴的手稿的原件，更大致查明了手稿的流傳經過，涉及知堂（周作人）、鼎堂（郭沫若）和茅盾等文壇大家，其間的曲折離奇，簡直是一出當代傳奇。遺憾的是，一直沒有合適的機會把發現原原本本地告訴郁風老師，現在後悔也來不及了。

郁風老師是謙虛的。她是出色的畫家，她畫的浙江富陽達夫故居素描，我就特別喜歡。她又是有個人風格的散文家，1984年秋她的第一部散文集《我的故鄉》問世，郁風老師就馬上題贈給我，除了寫上我絕不敢當的「陳

郁風繪達夫故居

子善同志存正」，還特別寫下一段話：
「一九八四年八月因遠在新疆，未及看
清樣，誤植之處不少，印刷紙張低劣失
真，只能遺憾！」在送我的這冊《我的
故鄉》上，她仔細地用紅筆一一校正錯
字和漏排，增寫插圖說明，補注各文出
處，如此一絲不苟，我現在重新翻讀，
迴想當年情景，仍然深受感動。

郁風老師又是善解人意的。苗子先
生是大書法家，我很想得到他的墨寶，
卻又躊躇著不好意思開口。她老人家猜
出了我的心思。有次我拜訪她時，正巧
苗子先生在鋪紙濡墨，準備揮毫，她見
我欲言又止，就悄悄問我：你是不是想
要苗子的字？我來跟他說，你想要他寫
什麼內容？這真讓我喜出望外，厚顏要
身為郁達夫侄女婿的苗子先生書寫一首
達夫的詩。不久苗子先生一幅俊美飄逸
的達夫七絕〈自萬松嶺至鳳山門懷古有
作〉就翩然飛到我的案頭，至今仍然懸
掛在我的書房裏，視為拱壁。

最後一次見到郁風老師是在2005年
10月浙江嘉興第八屆巴金國際學術研討

郁風著《我的故鄉》

郁風著《我的故鄉》環襯

會上。研討會召開前一周，巴老溘然長逝，但研討會如期舉行。郁風老師和苗子先生不辭高齡，相攜而至，與海內外學術界同仁一起含著悲痛緬懷巴老的道德文章。我是第一次聽到她在大庭廣眾發言，條理之清晰、感情之深沉，絕非應景的陳詞濫調可比。尤其是她強調巴老雖未留下遺囑，呼籲建立「文革博物館」就是巴老最大的遺囑，不能不使我肅然起敬。

　　我與這兩位可愛可親的老人已暌隔多年，因此接連兩天早餐時我都與他們在一起。他們像兩個老頑童，機智幽默，談笑風生，文壇藝苑的秘聞軼事信手拈來。郁風老師有點責怪我：我們很久不見了，你怎麼不來北京？苗子先生特意寫下電話號碼，囑我到北京一定去他們家裏聊天。

　　研討會閉幕晚宴上，我又與郁風老師和苗子先生同桌。酒過三巡，我點燃了一支通常是女士抽的「摩爾」。鄰座大驚小怪起來，又因為全桌僅郁風老師一位女性，慫恿我向她敬煙。這「吸煙是有害健康」的，弄得我有點尷尬。郁風老師笑著説，我已多年不抽煙了，但你敬我，可以破一次例。當她把煙遞向嘴邊時，又突然停住，向我發問：你知道魯迅先生是怎樣抽煙的嗎？我一下子被問住了，不知如何回答。郁風老師就把煙拿在大拇指和食指中間向全桌人示範，大家這才恍然大悟。原來魯迅抽煙不是把煙夾在食指和中指之間，他的姿勢與眾不同，只有煙癮很重很重的人才會這樣抽煙。於是郁風老師娓娓而談，回憶起1934、1935年間，郁達夫來上海時經常帶她去內山書店，經常在內山書店見到魯迅；還回憶了魯迅應郁達夫之請，多次贈送他自印的版畫集給正在學習美術的郁風，包括1936年出版的八開珂

羅版宣紙精印的《凱綏珂勒惠支版畫選集》。郁風老師清楚地記得版權頁上有魯迅親自用毛筆所書編號「37」。我邊聽邊在想，這是多麼重要而有趣的文壇掌故啊，一支小小的「摩爾」煙，竟讓郁風老師打開了記憶的閘門，太值得了。

兩個多月前在香港董橋先生的宴席上巧遇苗子先生，我還為郁風老師的病情有所穩定而高興，沒想到她這麼快就謝世了！我以後再也聽不到她爽朗的笑聲了。苗子先生說得完全對，郁風老師「最不喜歡別人為她哀傷」。那麼，我在祝願她一路走好的同時，寫下這些與郁風老師交往的點點滴滴以為紀念，我將會一直「記住她的風度、愛心、藝術」！

## 一位普通的郁達夫研究者

### ——紀念郁達夫長子天民

**李遠**榮先生在〈郁達夫的妻兒近況〉（載《明報月刊》一九八八年十一月號）中介紹郁達夫長子天民，實在過於簡略，對天民兄的生平行誼，應該是很有些可説的。

天民兄係達夫與元配夫人孫荃之子，一九二六年三月出生於浙江富陽鎮郁氏舊宅，小名熊兒。後由其母撫養成人，五一年九月畢業於上海東吳大學法學院。五十年代先後在杭州浙江省高等人民法院和省司法廳任職，一度從事民法和涉外法的研究。五七年被打成右派，監督勞動，兩年後回原籍與老母同住，「文革」中又被戴上「三十年代資產階級作家孝子賢孫」的高帽遊街示眾，受盡折磨。翦除「四人幫」，天民兄的冤案也徹底平反，他先在富陽縣文化館和文化局工作，後來又被選為縣政協副主席兼文史資料委員會主任、浙江郁達夫研究學會副會長。正當天民兄大展鴻圖之際，詎料才長命促，於去年十二月六日不幸病逝。

素描

郁天民遺著《郁達夫風雨說》，
署名于聽。

　　對海內外廣大讀者來說，郁天民這個名字可能會感到陌生，但只要提起「于聽」其人其文，凡關心郁達夫研究的，一定會很熟悉。天民兄寫得一手漂亮文章，早在求學期間，就作有情真意切、文采斐然的〈先君郁達夫行述〉。從五十年代初起，他致力於郁達夫研究，為達夫子中研究乃父第一人。他在十分困難的條件下，冒著風險，與周艾文兄合作，搜集、整理、編印《郁達夫詩詞抄》，此書歷時三十餘年方始得與讀者見面。一九七九年以來，天民兄更是文思飛湧，用「于聽」筆名在香港《文匯報》、北京《新文學史料》、《文化史料叢刊》、杭州《西湖》等報刊上發表了大量研究郁達夫的文章，較重要的有〈郁達夫生平事略〉、〈說《釣台的春晝》〉、〈郁達夫與日本文士的交往〉、〈郁達夫與《夕陽樓詩稿》〉等。特別是他晚年數易其稿，抱病撰就的〈說郁達夫的《自傳》〉，在披露許多鮮見史料的基礎

上，對郁達夫早期生活和創作提出了自己的獨到見解，獲得海內外郁
達夫研究界的一致好評。可惜他還有一系列的研究計畫來不及完成。
而天民兄之所以堅持不署真名發表論著，正如他自己所說：「我歷來
不願意以郁達夫兒子的身份出現來做文章，而願意以一個普通研究者
來參加研究工作。」其治學態度之謹嚴慎重，由此可見一斑。中國現
代作家子繼父業的不乏其人，如葉聖陶之有葉至善、葉至誠兄弟，老
舍之有舒乙，巴金之有李小林、李小堂姐弟，曹禺之有萬方，鍾惦棐
之有阿城、顧工之有顧城等等，大民兄雖不及他們有名，也可算是其
中的佼佼者了。

　　天民兄善飲健談，為人誠懇，頗有乃父遺風。數年前，筆者因編
訂《郁達夫文集》（十二卷本）和《郁達夫研究資料》，多次造訪天民
兄，一直受到他的熱情接待；他給筆者的覆信也有厚厚一疊，解惑析
疑，有求必應。上述兩套書中首次公開的達夫與孫荃合影和一些達夫
手跡，都是他慷慨提供的。天民兄還藏有達夫二、三十年代日記、達
夫致孫荃的信札以及部分手稿，包括長篇《她是一個弱女子》和從未
發表過的早期小說〈雨夜蕖〉（即達夫成名作〈沉淪〉的初稿）、〈圓
明園之一夜〉、散文〈綠楊城外〉、〈蜉蝣日記〉、〈囚居日記〉
等，數量相當可觀，不輕易示人，筆者有幸親睹一二，均極為珍貴，
是研究郁達夫乃至整部中國現代文學史不可或缺的重要史料。當時也
曾口頭商定，待香港三聯的《郁達夫文集》出齊之後，在適當時候加
以整理，作為文集「補編」陸續推出。因為天民兄認為達夫在這些日
記和書信中議論時政，臧否人物，信筆所至，毫無顧忌，有些當事人
至今健在，如過早公佈，恐有諸多不便。但是由於種種原因，這個設

想到天民兄去世都未能實現。最近聽說天民兄後人已著手進行這項工作，當然令人高興，但願達夫這批遺著能夠早日問世。

去年四月，筆者為編輯《薄海悼詩魂——回憶紀念郁達夫詩詞集》向天民兄徵稿，他回信表示：「據告將編集回憶、紀念詩詞，確是一件很有意義的事。為表示我的讚賞與支持，承索近年拙作歪詩，也就顧不得藏拙，容我抽時間整理出來，定將一併抄奉求教。」果不多久，他就寄來了五首七絕。這是筆者與天民兄最後一次通信。郁達夫的舊體詩詞在中國現代作家中首屈一指，早已眾所周知。達夫尤擅七絕，其風格清新俊逸，獨具神韻，論者有「置於唐人集中幾可亂真」（注）之譽。天民兄可謂得乃父真傳，所作七絕同樣為友好所傳誦，現抄錄三首〈富春吟〉，作為這篇紀念小文的結束：

郁天民（中）、許子東（左）和陳子善
80年代初攝於浙江富陽。

## 一、鶴山雙烈亭

覆地寒威拔地枝，雙松挺秀鼎堂詩。

春來兩岸花添錦，只有潮聲似舊時。

## 二、松筠別墅陳列室，用曼陀《靜遠堂詩・小院》詩韻

果然經久桂花遲，重理遺篇薄莫時。

歲月如流淘濁去，江河萬古亂離詞。

## 三、達夫美故居，再疊前韻

不怨年年花發遲，故家門巷似當時。

饒他喋喋雞蟲失，卻話南荒百萬詞。


（原載1989年2月香港《明報月刊》第278期）


注：引自吳戰壘《郁達夫詩詞》，載拙編《郁達夫研究資料》，一九八六年十一月香港三聯書店版。

# 永遠懷抱理想

## ——記臺灣出版「小巨人」沈登恩兄

二〇〇四年元旦以後，我一直沒有收到沈登恩兄的電話或傳真，不禁感到很奇怪。若在平時，他是隔五六天就要與我聯繫一次，交換兩岸出版資訊的。後來，香港林行止先生託《萬象》主編陸灝兄轉告，登恩兄得了重病，已住院治療。我立即發去傳真表示慰問，祝願他早日康復。雖然我也明白，登恩兄這病痊癒的可能很小很小，但我沒想到不到半年，他就與世長辭了，他還比我小一歲啊！無情的上蒼竟不肯留給他些許時間，讓他處理好亟待他處理的許許多多未了的出版事務再從容離去。

正如許多熟悉「遠景」的朋友所指出的，登恩兄的崛起和輝煌是臺灣文學出版界的一個奇蹟。我知道登恩兄的大名還在上個世紀八十年代中期，當時大陸海禁初開，臺港的出版物開始有選擇地進入大陸，其中登恩兄主持的「遠景」的文學書就格外引人注目。「遠景」有太多太多的「第一」：第一

個把金庸引進臺灣，第一個把林行止引進臺灣，第一個把董橋引進臺灣，第一個把倪匡引進臺灣，第一個讓出獄後的李敖「重返江湖」，第一個在臺灣推出諾貝爾文學獎全集……，這些「第一」只要有一項就很了不起，何況是集這麼多「第一」於一社，登恩兄是足以驕人，也足以自豪的。他有敏銳的文學眼光，充足的文化資源，過人的出版膽略，所以能在七十至八十年代臺灣眾多中小出版社中脫穎而出，執臺灣文學出版的牛耳。其影響之大，連大陸出版的《臺灣出版史》也闢有專章評述。他人矮，也因此獲得了臺灣出版「小巨人」的雅號。

我與登恩兄神交已久，但與他結識已是1998年的事了。登恩兄謝世以後，我清點歷年所購藏的「遠景」版書刊，為數著實不少，由此也可證明我們之間有許多共同的興趣和愛好，只是身份有所不同，我在大學講壇上尸位，他在出版界縱橫馳騁。記得九十年代初，曾任「遠景」總編輯的蕭錦綿女士來上海，

沈登恩（中）2000年10月10日和王宏志（左）、陳子善（右）攝於上海外灘原滙豐銀行門前。

就專門向我介紹過登恩兄。後來聽說他的出版事業開始走下坡路，他在苦苦掙扎，也就一直沒有機會見面。1994年秋我首次赴台，問了幾位文學出版界的朋友，也都不知他在哪裏。沒想到四年之後，他突然現身上海灘。我們首次見面的情景。我在日記中有明確的記載：

（1998年）5月17日，中午至德興館，由初來上海之臺灣「遠景」老闆沈登恩賞飯，同席沈昌文、郝運、王振孫、傅欣、陸灝等。……晚整理《找尋張愛玲》書稿，擬交「遠景」出書。

5月18日，下午至和平飯店訪沈登恩，談拙著《說不盡的張愛玲》出書事。陪沈登恩遊覽外灘，在上海大廈喝咖啡。晚遼寧教育出版社在國際飯店宴請，同席俞曉群、沈昌文、沈登恩、孫機、揚之水（趙麗雅）、陸灝等。飯後陪沈登恩至上海席殊書店購書。

我和登恩兄一見如故，我們之間有太多的共同的話題。他開口就向我約稿，並指定要關於張愛玲的。我這個人不才，寫不出宏篇大論，只能以一系列毫無文采的考證文字塞責，他居然一口應允。後來我才知道登恩兄有「張愛玲情結」，他出版胡蘭成的《今生今世》和《山河歲月》，以及近年出版《戰難和也不易》(這書還是我提供的底本)，其實都是要為張愛玲研究提供一點新資料，為此引起張愛玲的不快，也是他始料未及，他因此也永遠失去了與張愛玲合作的機會。他與張愛玲有好幾次通信，已議及出書事宜，終於功虧一簣，這是他的

終生遺憾之一。其中一封張愛玲給他的信就製版印在拙著《說不盡的張愛玲》封面上，但故意處理得隱隱約約，若有若無。這是我的主意，他開始有點猶豫，最後還是採納了。

拙著繁體字本於二〇〇一年七月問世。正是在登恩兄的慫恿下，我才斗膽開口請八十多歲高齡的夏志清先生賜序，他又特地請上海著名書法家周慧珺先生題寫了書名，書印得漂亮。作為出版家，登恩兄對自己出版的每一本書，都可說是盡心盡力，力求完美。他從不印自己不喜歡的書，他是徹頭徹尾的理想主義者，恨不得世界上所有的好書都由「遠景」印出來，即便這理想在現實面前碰得頭破血流，他也決不後退。而今拙著已經出版了大陸簡體字增訂本，然而登恩兄已經看不到了。

一回生，二回熟。從此登恩兄每次來上海，都會在「第一時間」與我見面，吃飯，喝咖啡，逛書店，聊天。我逐漸得知他急於東山再起，大陸有眾多的創作人才，廣闊的讀者市場，他企圖

沈登恩為陳子善出版的《說不盡的張愛玲》臺灣版。

立足臺灣，依靠大陸，重振「遠景」雄風。記得他不止一次的指著外灘一幢十分氣派的大樓對我說，「遠景」要在那裏設立Offiee，在上海大幹一場。儘管二〇〇〇年夏北京國際圖書博覽會發生「遠景」版林行止先生著作撤展風波，登恩兄對此憤憤不平，他在大陸開闢新天地的信心仍未動搖過。雖然我知道這可能永遠只是個「遠景」，無法實現的「遠景」，我還是很欣賞他這種持久不懈的追求。

臺灣遠景版《臥虎藏龍》。

　　二〇〇〇年初冬，我到臺北參加臺靜農先生誕辰一百周年學術研討會。登恩兄熱情邀約我會後到他府上小住數日。在我之前，北京人民文學出版社的王培元兄剛住過。登恩兄真是好客，他一片誠意，我只能恭敬不如從命。幾天後在一次臺北文學界的聚會上，一位德高望重的文學出版界前輩出於對我的關心，婉轉地提醒我，與登恩兄交往要多加注意。我才意識到「遠景」尚未渡過難關，登恩兄還木重建臺灣文學界對他的信任。但我分明看到登恩兄始終不言

敗，仍在繼續拼搏。事實上他從大陸引進王度廬的武俠名著《臥虎藏龍》，引進陳鋼先生的《上海老歌名曲》，引進金文明先生的《石破天驚逗秋雨》等書，且不論經濟效益如何，都是值得肯定的大手筆，都是他努力的成果。

登恩兄給我的最後一紙傳真是二〇〇三年十二月二十一日發來的，從中可以清楚地看到登恩兄病發前夕的所思所想，現照錄如下：

子善兄：

傳真函收悉。農曆年過後，「臺北國際書展」即將開鑼，加上「遠景」創立三十周年紀念，要出很多新書（包括您的《摩登上海》、毛尖的書），因此近來甚忙，待稍微有空時，即來上海看你們，內子說上海氣候冷，遲遲不敢來。您要的書，屆時攜贈，請放心。

戴社長上周已在電話中告知《說》書進度，待拿到版稅，請你們（陸灝兄及為松夫婦）吃飯，喝咖啡。餘款雙方平分，以示公平。這些都還是小事，希望明年您有出人意表的新書佳音。出版不景氣，一定要有一鳴驚人的新書才能震撼讀者，尤其在「遠景」三十周年時，更希望您有好書推薦。

即祝

聖誕快樂！

弟　登恩上

二〇〇三年十二月二十一日

夜十一時

對這封信的內容有必要略作解釋。二〇〇三年十二月初，我與陸灝兄訪問香港，曾在林行止先生寓所與登恩兄夫婦和董橋先生夫婦有過一次歡聚。登恩兄多次來上海，都是一個人來去匆匆，故我當時建議他下次帶太太來上海看看，不談工作，純粹旅遊和休息，所以他在信中提及此事。

二〇〇四年是「遠景」創立三十周年，登恩兄雄心勃勃，準備出版三十種書以示慶賀，也借此向兩岸三地讀書界宣布「遠景」的再出發。計畫的新書中就有毛尖小姐轟動香港文壇的《上海通信》專欄文選和拙編《摩登上海——郭建英漫畫集》增訂本。這封信主要談的就是這件大事。登恩兄並希望我能提供「一鳴驚人的新書」。信中還談到了拙著《說不盡的張愛玲》出版大陸增訂版事。令人萬分遺憾的是，後來除了拙著大陸版順利問世，登恩兄這些美好的計畫都隨著他的突然棄世而擱淺了。

上海虹橋路古北路交界轉角處有一家門面不大卻很幽雅的「老樹咖啡館」，據說是臺灣有名的「老樹咖啡」（我在臺北時幾乎每晚都與登恩兄到那裏消磨時光）的上海分店。登恩兄來上海，如果在有「小臺北」之稱的虹橋水城路「鼎泰豐」或「秀蘭小館」約我和陸灝兄、王為松、毛尖夫婦等文友小酌，飯後一定步行到「老樹咖啡館」坐一坐，那時與登恩兄海闊天空的情景至今歷歷在目。自從登恩兄走後，我幾乎不再踏進「老樹咖啡」了，每次走過，總要想起登恩兄，想起老杜的名句：「出師未捷身先死，長使英雄淚滿襟」而不勝唏噓。

2004年11月14日急就於滬西梅川書舍

（原載二〇〇五年五月臺北《文訊》第235期）

輯二

交遊錄

# 被人遺忘的女詩人徐芳

一、

世事有時真是難以預料。一個多月前，我在課堂上講「中國現代文學與傳媒」，不知怎麼嘴一滑，說到了三十年代女詩人徐芳，在座博士研究生中無一人知道這位才女。我想就是大學裏中國現代文學專業的教授、博導，大概也沒有幾位注意過她，更遑論認真研究了。說到「京派」女詩人，非林徽因莫屬，徐芳是沾不到邊的。迄今出版的各種中國新詩史著作裏，徐芳的大名還不曾出現過。

一周以後的六月十七日深夜，我突然接到一條手機訊息，詢問我是否寫過徐芳訪問記。電話撥過去一問，原來是中央美術學院的沈寧兄，他因研究小說家、藝術史家滕固（沈兄編選的滕固《把芬室文存》，就是我安排在遼寧教育出版社出版的），發現滕固曾與徐芳親密交往，所以向我瞭解徐芳其人其文。

徐芳攝於30年代。

沒想到又過了不到七天的六月二十三日，臺灣友人蔡登山兄來滬，歡聚時得知徐芳的兩部著作，即《中國新詩史》和《徐芳詩文集》均在今年四月由其安排交臺灣秀威資訊科技公司出版。這真是莫大的喜訊。整理徐芳的作品付梓，讓世人欣賞和研究，是我多年想做而未做成的事，現在終於讓海峽彼岸的有心人完成了，我怎不由衷地高興？現在蔡登山兄披露徐芳與胡適情事的〈師生之情難「扔了」？〉也已發表，看來我真該為徐芳先生寫點什麼了。

徐芳（前排左三）、胡適（前排右三）等合影。

## 二、

一九八九年十月，施蟄存先生為上海青年女詩人徐芳（相隔五十年，一南一北，中國文壇竟出現兩位同名的女詩人，不能不說是巧事！）的詩集寫序，開頭就說：「在一九三五——一九三六年間，北京出現了一位女詩人徐芳，在北京的幾個文學刊物和天津《大公報》的「文學副刊」上常有她的詩，據說是北大學生，胡適教授很欣賞的，一時聲名鵲起。」據我所知，這是多少年來第一次有人正式提到徐芳。後來讀《北山樓詩》，才知道早在三十年代末施先生在昆明見到徐芳後就曾〈漫題一絕為徐芳作〉：

原是凌波縹緲身，雕蟲獺祭亦天真。

樊書王壽終能舞，卻道君家有解人。

可見施先生對徐芳印象的深刻。

徐芳確是北大出身。她是江蘇無錫人，一九三一年以優異成績考入北大中國文學系，專攻現代文學。她的畢業論文以中國新詩研究為題，導師就是時任北大文學院長兼中文系主任的胡適。徐芳是幸運的，她得到了胡適的悉心指導，用她自己的話說，論文初稿完成後，「我訂成一本書，送呈胡先生閱覽，他好高興，在稿子上用紅筆批改了多處，真是為我的文章也費盡了心。」（《〈中國新詩史〉序》）這部經過胡適親自審定的《中國新詩史》塵封整整七十年之後，終於與世人相見，顯示了當年北大中文系本科學位論文所達到的水平，也見證著徐芳與胡適深厚的師生情誼。

《中國新詩史》把中國新詩自一九一七年至一九三五年間的發展歷程劃分為三個時期，即起步期、格律詩時期和意象詩時期進行討論，自有見地。在此期間湧現的幾乎所有重要的新詩人，徐芳都論及了。她特別推崇郭沫若，認為郭氏的詩具有「豐富的靈感」、「偉大的力量」、「健全的情緒」和「狂暴的表現」，「是足以代表時代的」。對自己的恩師胡適，徐芳的評價當然不會低，她尤其喜歡胡適的情詩〈應該〉和〈湖上〉，很可能在論文的撰寫過程中她已對胡適產生愛意了。雖然就總體而言，《中國新詩史》的論述還嫌粗略，但作為繼草川未雨（張秀中）的《中國新詩壇的昨日今日和明日》之後第二部系統研究中國新詩的專著，徐芳這本《中國新詩史》的學術價值是不容置疑的。

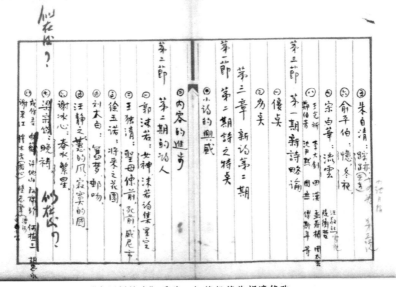

《中國新詩史》手稿，紅筆鉛筆為胡適修改。

## 三、

徐芳曾被稱為北大「校花」，但她決非徒有虛名，而絕對是秀外慧中。徐芳迷戀新文學，求學期間就喜歡舞文弄墨，小說、散文、詩歌、劇本，什麼都敢嘗試。她創作的獨幕劇《李莉莉》就發表在一九三四年六月《學文》第二期。《學文》是後期新月派與京派合流創辦的文學雜誌，名家薈萃，徐芳當時還只是大學三年級學生，顯然是「破格」錄用。據她回憶，當年楊振聲、聞一多、葉公超三位老師共同審定了她這部描寫舞女不堪凌辱覺醒抗爭的獨幕劇，可謂鄭重其事。徐芳後來還在一九三六年十一月十六日天津《國聞週報》第十三卷第四｜五期發表了獨幕劇《罪》，臺灣版《徐芳詩文集》失收了。

然而，徐芳的文學創作以新詩成就最大。她一九三五年畢業留校，任北大文學研究所助理員，協助胡適整理文稿，後又主編復刊後的《歌謠週刊》，潛心於民歌民謠的搜集整理，成就斐然。在此期間，徐芳一直詩興澎湃。她沉浸在對胡適的愛慕之中，給胡適的信直言不諱：「我愛你的詩，我愛你這人。永遠愛你的芳」（一九三六年五月二十一日致胡適函）。才女的戀愛本來就是熾熱而深沉的，更何況她熱戀的對象是大名鼎鼎的胡適？化為詩歌，收錄在《徐芳詩文集》中的〈無題〉、〈車中〉、〈明月〉、〈相思豆〉等一大批寫給胡適的情詩，柔美、清婉而又熱烈，真的是「珠羅翠網，花雨繽紛」，堪稱中國現代情詩的上乘之作。

有意思的是，胡適答覆徐芳的詩作也大都保存下來了，對照閱讀，饒有興味。耿雲志先生和蔡登山兄已先後對徐、胡兩人的愛情唱

和作了詳細考證和解讀（耿雲志作〈戀情與理性──讀徐芳給胡適的信〉載《百年潮》二〇〇二年第八期，蔡登山作〈師生之情難「扔了」？──胡適未完成的戀曲〉載《萬象》二〇〇六年六月號），大可不必再辭費。我只想指出一點：徐芳對胡適，「他是一輪明月，／光華照滿人寰」（〈無題〉），「她要一首美麗的情歌，／那歌是／從他心裏寫出／可以給他永久吟哦」（〈無題〉）；而胡適對徐芳，卻是「兩鬢疏疏白髮，／擔不了相思新債」（〈扔了〉），「孩子，他不能為你勾留，／雖然有時候他也吻著你的媚眼」（〈無心肝的月亮〉）。情人間的相互表白、關愛、纏綿和嗔怪，在徐、胡兩人的情詩中可謂表露無遺。儘管由於年齡的差異，和胡適家庭社會責任的拘牽等等原因，徐胡戀情註定要無疾而終，但兩人之間擦出的愛情火花，留下的愛情詩篇，仍然是感人至深的。對現還健在的徐芳先生而言，應該是「此情可待成追憶，只是當時已惘然」。否則，她就不會允許研究者在她有生之年把這段戀情公之於世了。

抗戰期間，徐芳曾到雲南大學短暫任教，一九四〇年到重慶中國農業銀行任職。她的文學生涯大概到此就戛然而止了。在此期間，她寫了被施蟄存特意提到的《征衣》等詩，有論者據此認為她的詩「寫出閨秀餘緒，寫出歌謠風韻，更寫出大時代的風雲」，但我總覺得徐芳寫得最好的還是情詩，尤其是她與胡適熱戀的情詩，說她是中國新詩史上有特色的愛情詩人，我想這絕非過譽。

繼胡適之後，在一九三九年前後，滕固曾對徐芳產生過愛情，兩人的關係進展到什麼程度，不得而知，還有待相關史料的「出土」。但有兩個頗具說服力的旁證，一是徐芳《中國新詩史》書稿上留下了

兩人批閱的筆跡，一位是我們已經知道的胡適，另一位署名T‧K，長期不知何許樣人，晚年的徐芳也不復記憶，現在才明白他就是滕固！二是徐芳老師吳宓一九四一年五月二十五日日記中記云：「知友滕固君，去前年在此，毅然犧牲其對徐芳小姐之愛，因與其愚而妒之太太維持始終」，並且透露滕固曾交其「記與徐芳在昆明最後之晤聚」的〈九日日記〉。到次年六月二十一日，吳宓又在日記中詳細記載了不知名的青年詩人羅夢賓對徐芳的苦苦追求，「芳報之以平常冷淡之友誼」，同時也記下了「亡友滕固愛芳而煩苦隕身」這至關重要的一句。滕固一九四一年五月英年早逝，滕徐之戀（如果屬實的話），自然也因此而夭折。大概當時徐芳心目中仍不能完全忘卻胡適，所以羅夢賓也好，滕固也好，都無法贏得徐芳的芳心。

徐芳一九四三年九月在重慶與時任國民黨陸軍大學教育長的徐培根將軍結合，她的感情終於找到了很好的歸宿。從此她相夫教子，完全淡出文壇，一點也不留戀，一點也不拖泥帶水。赴臺以後，她一直平靜地過著普通人的生活。

### 四、

一九九四年秋，我首次赴臺參加林語堂百歲冥誕學術研討會。研討會第二天，林海音先生來了，經臺灣文學史料學家秦賢次兄引見，我向林先生請安。沒想到她老人家好客，邀我到她家一聚。那天林先生親自下廚為我烹飪臺灣菜，好大的面子啊。她的先生也是臺灣著名作家的夏承楹（筆名何凡）、秦賢次兄、隱地兄和應平書女士在座。正是這次在林府海闊天空的漫談中，林先生告訴我，徐芳先生還健在，

就住在臺北。

　　我喜出望外，第二天上午就去拜訪她。記得徐芳先生住在一幢日本式的平房裏，客廳寬敞雅潔，一塵不染。徐先生一個人住，所以屋裏特別安靜。我們兩人對坐品茗閒聊，讓數十年的文壇風雲濃縮在短短二、三小時的隨意交談之中，實在是難得的經驗。

　　與我對徐芳先生一樣，她對我這位「不速之客」也充滿好奇。徐先生爽朗健談，大概因為是林海音先生介紹的緣故，她對我有問必答，還主動對兩岸關係發表了十分有趣的大膽看法。但當我提及她三十年代的文學創作，她竟一笑置之。我說到施蟄存先生在文章中專門提到她，她有點意外，彷彿那是很久很久以前的事了，早已絢爛歸於平淡，不值再提了。

　　說到她目前幾近隱居的生活，徐芳先生深情地提到了三年前去世的徐培根將軍。聽到「徐培根」三個字，我不禁大吃一驚，幾乎不敢相信自己的耳朵。他不就是「左聯五烈士」之一的殷夫的大哥嗎？早在中學求學期間，我就讀過殷夫一九二九年所作的名詩〈別了，哥哥〉。這真是「左翼文學」的代表作，一首慷慨激昂、迴腸盪氣的好詩，詩的末尾一段我幾乎背得出來：「別了，哥哥，別了，／此後各走前途，／再見的機會是在，／當我們和你隸屬著的階級交了戰火。」殷夫的詩，誠如魯迅先生所說，「一切所謂圓熟簡練，靜穆幽遠之作，都無須來作比方，因為這詩屬於別一世界。」（〈白莽作《孩兒塔》序〉）萬沒想到他竟是徐芳先生的小叔子。

　　徐培根將軍生前是否對徐芳先生提起過也是詩人的殷夫，他的親弟弟呢？好像沒有。因為我說到了徐柏庭、徐白，也即殷夫，徐芳先

生有點茫然。當然，我當時並不知道她寫了《中國新詩史》。也許她當年無法讀到殷夫的詩，不然的話，以她的文學鑑賞力，以她對中國新詩史的理解，她是有可能在書中為殷夫專闢一章的吧？

回上海後不久，我收到了徐芳先生寄來的印製考究的《徐培根將軍紀念集》。我算是第一個訪問她的大陸學人。記得在告別時，我祝願她長壽。整整十二年過去了，林海音先生也已謝世，令我欣慰的是，徐芳先生仍然健在，九十五歲高齡了，還親自為《中國新詩史》和《徐芳詩文集》作序，感慨「時光過了許久，我所敬佩的師長，都不在了」。因此，我有理由期待與徐芳先生的再次見面。到那時要不要當面向她老人家進一步求證她與胡適、與滕固的情誼呢？我還沒拿定主意。

二〇〇六年七月三十一日於海上梅川書舍
（原載二〇〇六年九月《書城》第4期）

《中國新詩史》書影。

《徐芳詩文集》書影。

# 王家衛的文學老師

**劉以**鬯（chàng）的大名，讀者一定十分陌生。鬯字本來就很冷僻，我敢擔保，如果不查字典，很少有人會立即張口正確念出來。但如果我問，你是否看過香港名導演王家衛執導，大明星張曼玉、梁朝偉主演的電影《花樣年華》，大概會有很多朋友給予肯定的回答。劉以鬯與《花樣年華》的關係非同一般。王家衛就曾坦言，他拍這部風華絕代的懷舊影片，就是從劉以鬯的小說《對倒》中汲取了靈感。原來如此！要不是劉以鬯創作了長篇意識流小說《對倒》，啟發了王家衛，這《花樣年華》有沒有可能誕生，恐怕就很難說了。

因此，說劉以鬯是王家衛的文學老師，應該不會錯，可見劉以鬯決非等閒之輩。其實，沒有這層因果關係，劉以鬯也自有其不可替代的文學價值。香港文壇大老，「金大俠」之外，當數劉以鬯了。他是浙江鎮海人，生於上海，自小喜愛文學，曾加入左翼

作家葉紫主持的無名文藝社（這個青年
文學社團曾受到魯迅的稱許），上世紀
三十年代就薄有文名。我就為他找到過
當年的「少作」小說，是屬於「新感覺
派」都市小說一路的，後畢業於聖約翰
大學。四十年代在大後方先後主編《國
民公報》和《掃蕩報》副刊。抗戰勝利
後回到上海創辦懷正文化社，出版過施
蟄存、李健吾、徐訏、姚雪垠等名家的
重要作品。五十年代以後移居香港，編
過多種文學副刊，並致力於小說創作，
是香港現代派文學實驗的先驅者。

一九六三年，劉以鬯出版了帶有明
顯自傳色彩的長篇《酒徒》，小說大膽
運用意識流、象徵主義等西方現代派小
說的藝術手法，描寫「酒徒」的「我」
在清醒和醉倒這兩種姿態中的徘徊、掙
扎和沉淪，藉以刻畫香港的都市人（更
準確地說是文化人）的生存困境和敏感
複雜的內心世界，新穎別致，被譽為
「中國第一部意識流小說」。以前大陸
的當代文學史家一直認為王蒙的《蝴
蝶》是「中國第一部意識流小說」，

劉以鬯1952年在新加坡出版的小說
《龍女》，迄今為止的各種「劉以
鬯著作年表」均未著錄。

看來這「第一」的交椅要讓賢了。當
然，說王蒙是「內地第一位意識流小説
家」，仍然是對的。

　　劉以鬯著作等身，但他對中國文學
的貢獻遠不限於文學創作。他創辦並主
編《香港文學》月刊長達二十多年，為
海峽兩岸三地乃至全世界華文文學的交
流、交匯、交融盡心盡力。我就是通過
《香港文學》與劉以鬯結成忘年交的。
創刊於一九八五年的《香港文學》，我
一讀到就覺得耳目一新，而且頗合我的
路子，立即投稿，很快被採用。劉以鬯
用稿決不迷信名人，對我這個素不相識
的後生小子倒另眼相看，勖勉有加，有
稿必登。他很重視現當代文學史料的搜
集和整理，一直在《香港文學》闢有專
欄刊登這方面的研究成果。他自己也著
有《看樹看林》一書，提供了大量珍貴
的現代文學和香港文學史料。

　　一九九〇年三月，我首次訪港，不
消說，要求見劉以鬯「拜碼頭」。這次
拜訪由現已大名鼎鼎的香港小説家也斯
兄引領，劉以鬯先在香港文學社辦公室

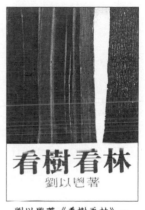

劉以鬯著《看樹看林》。

裏與我見面，在拍照如儀之後（這是每一位到訪香港文學社的作者必做的功課，以便他們的「玉照」能在雜誌上亮相），就請我們到馬路對面安靜雅潔的小咖啡館「飲下午茶」。這真是一個愉快的春日的下午，我們仨一聊兩個半小時，文人舊事，作家趣聞，天南海北，無所不談，竟不知暮之將至。我驚訝於劉以鬯文學知識的淵博，文壇掌故的熟稔，也深知他編務繁忙，能撥出那麼長時間與我神侃，實在是很高的禮遇。

以後我每次到港，都要去拜訪劉以鬯，他老人家每次都熱情接待，彬彬有禮。説起當年在上海的文學活動，説起與施蟄存、葉靈鳳、徐訏等二十世紀三十年代著名作家的交往，他總是神采飛揚，如數家珍。一九九二年還是一九九三年，我已記不確切了，劉以鬯曾悄悄來過上海，為了他的江蘇路舊居，也就是懷正文化社舊址的歸屬與有關方面交涉，誰知無功而返，這所頗有紀念意義的建築現已不復存在。這是劉以鬯惟一一次重返上海，可惜我事後才知道，無法盡一次地主之誼。

劉以鬯今年86歲高齡了，仍精神矍爍，筆耕不輟。我最近還讀到他深情回憶施蟄存的長文呢！去年十一月在香港參加香港中文大學第二屆全球華文青年文學獎頒獎儀式，劉以鬯作為年歲最長的評委應邀出席，竟獨自一人擠地鐵渡海與會，王家衛的這位文學老師，真不簡單！

（原載二〇〇四年十二月《美文》第195期）

# 我所見到的夏志清先生

**夏志**清先生的《中國現代小說史》繁體字中譯本（香港版），我早在書出版的第二年，也即1980年就已讀到了，那是香港作家林真先生的饋贈，我至今感激他。說老實話，讀後所受的震撼委實不小，因為它與我當時所讀過的幾種作為教科書的中國現代文學史著作太不一樣了。記得當時此書還是偷偷流傳，想讀的同仁還真不少，後來寫出《郁達夫新論》的許子東兄就和我借閱過，還約定三天之內一定歸還，那種神秘兮兮的情景我一直記憶猶新。

一九八三年夏，夏先生有大陸之行，他是錢鍾書先生請來的客人。但直到他返美之後，我才知道他到過上海。為此，我還責怪過接待他的我的同事龔濟民、方仁念夫婦。方教授時正研究「新月社」，曾到哥倫比亞大學訪學一年，對夏先生執弟子禮。也因此她後來在「清污」中吃過一些苦頭，被斥為拜倒在「反共學者」門下。龔、方夫婦的回

答使我吃驚不小，他們被告知不能聲張夏先生的來訪，不能在校院內接待夏先生，夏先生能見誰是受嚴格控制的，所以就不便通知我了。當時有些人把夏先生視作「洪水猛獸」了，有那麼可怕嗎？現在回想起來，未免可笑。最近賈植芳先生出版了他的《早春三年日記（1982-1984）》（二〇〇五年四月大象出版社），書中對夏先生當時訪問復旦大學種種有趣的情形就有真實生動的記述。

待到終於與夏先生見面，已是整整十七年以後的事了。二〇〇〇年深秋，香港嶺南大學文學院主辦「張愛玲與現代中文文學」國際研討會。夏先生自上世紀九十年代初患心臟病後，已遵醫囑不再長途旅行，但他是張愛玲文學史地位的「發現者」，於是由王德威兄「護駕」，欣然破例與會。限於經費，研討會主辦方開始只邀請大陸「張派」作家，不邀請大陸「張學」研究者，後來因白先勇先生欠安，無法出席，我才作為替補，恭逢盛會。

夏志清近影。

此行的最大收穫，不消說是數年通信之後首次見到夏先生，有機會當面向他請益。夏先生真是性情中人，直率，健談，一見如故，談得興濃，常常爽朗的大笑。他從不隱瞞自己的觀點，也毫不掩飾自己的自負。他不無得意的對我說，自己也沒想到年輕時寫的這部《中國現代小說史》會產生那麼大那麼久遠的影響，不過，自己當時確實下了大功夫，幾乎把耶魯大學圖書館所藏的中國現代文學書刊全都翻遍了。他對大陸文學評論界當年對他的批判很不以為然，他認為自己運用「新批評」的理論和方法致力於「優美作品之發現和評審」是撰寫文學史的題中應有之義，更何況他也推崇他認為有個人風格和成就的左翼作家，如茅盾、吳組緗等位。特別對張天翼，他評價甚高，可後來人們提到他的「發現」，往往只提沈從文、張愛玲、錢鍾書，唯獨遺漏了張天翼，實在有點不公平。他坦言自己不喜歡一些現代作家，譬如對魯迅，他就既有肯定也有否定，但文學史著作從來就沒有純客觀的，他個人有所取，就會有所不取，如果說這就是帶有「偏見」的「主觀」立場，不也是很正常的嗎？

二○○一年夏，我到哈佛燕京訪學。在美國的那些日子裏，我多次與夏先生通電話，討論《中國現代小說史》大陸簡體字本的出版事宜，在此之前，他已撥冗為大陸版新寫了一篇序。離美前夕，我專誠到紐約拜訪他。這是我們第二次見面，夏先生很高興，還把與張愛玲有過不少交往的《尤利西斯》研究專家莊信正先生請來一同暢敘。從上午到下午，我在夏先生府上消磨了大半天，不但高談闊論，十分盡興，還觀賞了他保存的張愛玲給他的一百多封信，珍藏的周作人譯著《希臘女詩人薩波》手稿，後者是師陀先生轉讓給他的，真是大飽了眼福。

夏先生自視很高，但他並不是不接受批評。他一再表示，《小說史》未能詳細探討蕭紅、端木蕻良、路翎等人的小說，是他的疏漏，雖然這也是事出有因，當時他在美國無法讀到這些作家的主要作品。《小說史》簡體字本出版前夕，他讀了我影印給他的《早春三年日記》中關於他的記述，其中提到《小說史》正文和索引中把冀汸和賈植芳兩位「胡風派」作家混為一人了，立即給我來信，誠懇地作了自我批評：「拙著《小說史》裏作者、學者姓名都沒有弄錯的，想不到留下『賈冀汸』這個笑柄，自感不好意思」，要求我代他改正。其實，《小說史》兩處提到冀汸，一處誤作賈植芳，另一處並沒有錯。

原作者新序　夏志清

対《中國現代小說史》（A History of Modern Chinese）而言，一九九九該是個大年。年初它即被台此《聯合報》選定為三十種《台灣文學經典》之一，入選為「評論類」的經典要書，左三種，而《小說史》是得票最多的一種。八月下旬美國印第安那大學出版所（Indiana University Press）將出原書英文本的第三版，除了一篇王德威教授的〈導言〉（Introduction）和一篇以姜貴、余光中、白先勇三人代表一九四九—一九七五年間台灣文學成就的論文為「附錄」，稍後北京文化藝術出版社也要推出《中國現代小說史》中譯本的大陸初版。此書英文版一九六一年三月即由耶魯大學出版，乙是三十八年前的事了。耶魯大學出版所於一九七一年推出《小說史》的增訂二版和紙面普及本後，劉紹銘教授覺得實有必要為此書出個中譯本了。於是他用十多位友好

夏志清手跡。

這些年來，我與夏先生魚雁不斷，他這些信談文說藝，直言不諱，卓見迭出，給了我很多啟發，將來如有機會整理出來，我想對中國現代文學研究應會有所裨益。夏先生是一絲不苟的，以前我為他編印的幾種書，如《人的文學》、《文學的前途》、《新文學的傳統》，他收到樣書之後一定會仔細翻讀，也一定會寄來刊誤表，要求再版時更正，學者的嚴謹在這些細微處體現得再清楚不過了。

《中國現代小說史》簡體字本幾經曲折，終於得以問世，夏先生一定會感到欣慰，欣慰之餘，也一定會感到遺憾。畢竟，這只是一個增刪本，而非原本。既然不得不做減法，那就再適當的做些加法吧，值得慶幸的是，原書的精華是盡可能的保留了。夏先生已八十五歲高齡，手頭還有一大堆的事，《中國古典小說》的中譯本等著他最後校正，張愛玲給他的一百多封信的注釋也有待完成，還有夏志清自選集《談文藝　憶師友》（香港天地圖書公司）的選目也等著他審定。今年

夏志清著《中國現代小說史》英文版的各種版本。

秋天，美國哈佛大學將舉行夏氏兄弟文學貢獻研討會，在這個會上，我想夏先生作為歐美中國現代文學掌門人，「大概終可以一秉他聞名友朋間的幽默感，開懷暢笑了吧？」（王德威語）

（原載二〇〇五年十月《美文》第二一五期）

# 姍姍來遲，畢竟還是來了

**知道**木心先生的大名，還是在整整二十一年前。一九八四年十一月，臺灣《聯合文學》創刊號以顯著篇幅刊出專輯「木心，一個時代的魯濱遜」，讓我首次見識了這位散文大家，不，不僅僅是散文，應該是文學大家。整整二十一年後，木心，這位原名孫璞，籍貫浙江桐鄉烏鎮（烏鎮還出了大名鼎鼎的茅盾），多次自稱文學「魯濱遜」的隱居在美國紐約的文學大家，終於以散文精選集《哥倫比亞的倒影》（二〇〇六年一月廣西師大出版社）「葉落歸根」。

木心先生最初是學繪畫的，學繪畫的往往在文學上也有出人意料的傑出表現，如黃永玉，如吳冠中，所以我歷來對美術家不敢小覷。但我沒有想到木心的文字是如此精美，如此深刻。《哥倫比亞的倒影》是用意識流手法寫成的，意象豐富，汪洋恣肆。用意識流寫小說，名家輩出，但用意識流寫散文，絕對是一個了不起的創新。《明天不散

木心著散文集《素履之往》。

木心著小說集《溫莎墓園》臺灣初版本。

步了》，同樣如此。「生命是什麼呢，生命是時時刻刻不知如何是好。……哀愁是什麼呢，要是知道哀愁是什麼，就不哀愁了。」充滿了哲理，充滿了睿智，卻又那麼平易，不做作。這樣的警句在木心散文中俯拾皆是，像在張愛玲散文中一樣。木心寫過一則談張愛玲的隨感，因為沒有點名，只寫「她」，不大為人知。「她是亂世的佳人，世不亂了，人也不佳了。」起首就石破天驚，木心對張愛玲的點評可謂一針見血。

從此迷上木心。但我對這位文學魯濱遜的入迷不是狂熱的、一時的，而是執著的、持久的。多年來，我一直沒有放棄搜尋木心作品的努力，散文集自不必說，小說集、詩集、評論集也不放過。日前清點，收穫還不小。除了散文集《即興判斷》、《存在與消失》，詩集《西班牙三棵樹》、《會吾中》、《雪句》和小說集《侍古集》還缺藏外，散文集《瓊美卡隨想錄》、《散文一集》、《素履之往》、《馬拉格計畫》、《魚麗之宴》、《同情中斷

錄》，詩集《巴瓏》、《我紛紛的情欲》，小說集《溫莎墓園》等均已有幸入藏。今後能不能補齊？不敢說，全看我與木心先生的緣份了。

我還真的與木心先生有點緣份，雖然我與他至今未曾謀面。二〇〇一年夏訪美時到過紐約，曾動過拜訪他的念頭，雞蛋那麼好吃，當然想見見下蛋的「老母雞」。但轉而一想，既不知他的具體地址（他還住在「紐約東陬的瓊美卡」嗎？），又覺得冒昧打擾未免唐突，只得作罷。也就在同一年，《上海文學》雜誌約我主持一個記憶老上海的欄目，我就把木心先生的長文〈上海賦〉在《上海文學》上連載了，這大概是木心散文首次與大陸讀者相見。我認為，近年來各種形式的懷老上海之舊的文學作品汗牛充棟，都比不上這部〈上海賦〉。這是一篇奇文，一篇妙文，非大手筆無以出之。木心先生寫上海的「亭子間」真是寫絕了：「也許住過亭子間，才不愧是科班出身的上海人，而一輩子脫不出亭子間，也就枉為上海人。」難怪海峽彼岸的上海「老克蠟」要讚譽他「比上海人還上海人」！

對於散文創作，木心先生的夫子自道很值得注意。「詩甜，散文酸，小說苦，評論辣。我以鹹為主，調以其他多味而成為我的散文，即：我寫散文是把詩、小說、評論融合在一起寫的。」換言之，木心先生有高遠的抱負，他要打破傳統意義上的散文的界限，在散文創作中融入詩、小說、評論諸多因素，使之成為一種嶄新的文體。木心的散文實踐證明了他其實是一位文體家，在鮮明亮麗的文字背後，深邃的思想，形而上的思考汩汩而出。寫散文於木心先生，就像是散步，「閒庭信步」，散步散遠了，就成就了這部別具一格、氣象萬千的《哥倫比亞的倒影》。

素描

「牆內開花牆外紅」，這句中國古話在木心先生身上，也得到了應驗。他來自大陸，他的文學創作的噴發期是在他移居美國之後的1980年代，曾在美國華文文壇和臺灣文壇引起不小的轟動。木心先生曾說過，「我向來不就大陸的語言霸權之範」，但「與島上的文學主體和媒體作周旋時」，也「始終保持了側身的客席的姿態」。這是一位獨立的文學大家的清醒和自重，特別難得。優秀的文學作品的生命力是長久的、超越時空的，雖然姍姍來遲，畢竟還是來了，現在是到了木心先生的散文「牆外開花牆內紅」的時候了。

（原載二〇〇六年一月五日《南方週末‧閱讀》）

# 張愛玲稱讚的散文家

臺灣有一位女中豪傑，在上個世紀七十年代初創辦了一家大地出版社，苦心經營，使之成為臺灣文學出版界有名的「五小」之一。「五小」指的是「純文學」、「九歌」、「爾雅」、「洪範」和「大地」。所謂「小」，是相對「聯經」、「時報」等資本雄厚的大出版公司而言。「純文學」的主持人是已故的林海音先生，另一位女中豪傑，讀者已經比較熟悉了。

「大地」出版了許多許多好書，近年獲得大陸讀書界好評的臺灣「美食家」唐魯孫的作品系列，最初就是由「大地」推出的；第一本研究張愛玲的專著《張愛玲的小說藝術》（水晶著），也是「大地」推出的；席慕蓉的代表作詩集《七里香》和《無怨的青春》是「大地」推出的；余光中的重要詩集《白玉苦瓜》和《五陵少年》是由「大地」推出的；畫家吳冠中的散文集《畫外音》也是先於大陸由「大地」率先推出的，等等等

張愛玲肯定的姚宜瑛著散文集
《春來》。

張愛玲致姚宜瑛信手跡。

等。「大地」對臺灣當代文學史，對海峽兩岸文學交流所作的貢獻不是三言兩語能夠說得完的。

但我實在孤陋寡聞，先前一直不知道「大地」主持人也是一位卓有成就的女散文家，確切的說，她是先踏上文學創作之路，然後才轉向文學出版的。二〇〇一年夏，我在美國洛杉磯南加州大學圖書館見到張愛玲給「大地」主持人的一封佚簡，吃驚不小，信中說：

> 《春來》真感動人。同一局面結果總是疏離，沒足夠的愛去克服兩個世界的鴻溝。有這樣的母親才有你這樣的女兒。有這樣的母親也不一定有這樣的女兒。兩人都真運氣，福氣。值得祝賀。

《春來》是「大地」主持人的散文集，出書前在臺灣《聯合報》副刊連載時，海內外八家報章雜誌競相轉載，可見影響之大。書中寫的是大陸改革開放

以後，作者把年邁的母親接到臺灣安度
晚年，母女朝夕相守，平常而又感人。
難怪張愛玲讀了喜歡，這位孤高出俗的
大作家可是從來不輕易許人的。即便
《春來》得不到文學評論家的青睞，能
為張愛玲所首肯，就已經足夠了。

　　「大地」原主持人（她已在一九九
年新世紀來臨之前把「大地」交給他人接
辦）惜墨如金，相隔整整十　年之後，
才出版了她的第二本散文集《十六棵玫
瑰》。書是由「五小」之一的爾雅出版
社印出的，我日前收到她的贈書，已是
二〇〇四年一月的再版本了。喜出望外
之餘，快讀一過，真的是愛不釋手。且
不說封面畫出自吳冠中之手，迷人的宜
興水鄉風光，書中所寫的那些人和事，
從唐魯孫到高陽到梁實秋到張愛玲到思
果，都是我所心儀和亟想知道的。作者
文筆優雅清麗，委婉多姿，譬如首篇
〈熊掌和灑金箋〉末段寫高陽其人其
文，就流露著知交的深情：

姚宜瑛與唐魯孫（左）高陽（右）
1984年攝於臺北。

人生憾事多，高陽尤甚。他一生不拘小節，事事率性而行，從來沒有想到後果。但千金散去沒有了，盛宴歡樂總要席散，美酒永遠喝不完，美人們別有懷抱。雖然相識滿天下，但最要好的朋友，也要回到自己的家，走自己的路。除夕夜住在凱悅飯店的心情是可以理解的。他軟弱，善感，惶惶無主的一生，抵擋不住人生的波折和淒涼；也可以說中國文人落拓紅塵的寫照。可惜他有許多構想和許多好文章未寫完，許多享受未得到。夜深人靜，他在孤燈下與煙、與酒為伴，完成了一百多部歷史小說。他執著的考證癖，恐怕是後繼無人。他在久病纏身中殞世，雖然留得千秋萬世名，也是自己的性格，寫下自己的命運。

文學史家歷來有臺灣「閨閣派」女作家群這一説，寫《城南舊事》的林海音，寫《橘子紅了》的琦君，都是此中高手，「大地」原主持人無疑是臺灣「閨閣派」殿後的佼佼者。

我兩次赴台，有幸拜會林海音、蔡文甫、隱地、葉步榮四位「五小」主持人，侃文學，聊掌故，逸興遄飛，唯獨與這位「大地」原主持人緣慳一面。雖然我們之間因了張愛玲的關係通過信，通過電話，但她前兩年來滬探親，又因故未見，至今仍感遺憾，但願不久的將來能有聆教的機會。

臨了，請讀者記住這位受到張愛玲稱讚的臺灣女散文家、女出版家的大名：姚宜瑛。

（原載二○○五年六月《美文》第207期）

余光中識小

這已是十一年前的事了。一九九三年暮春三月，我應邀到香港中文大學英文系訪學。一天，被告知余光中先生來了，將在中大新亞書院作一次關於西方藝術史的學術演講。余光中的大名在我已是如雷貫耳，流沙河先生編選的《余光中一百首》早就拜讀過，不久前又讀了花城出版社出版的散文集《鬼雨》，對這位「以右手寫詩，以左手寫散文」著稱的臺灣文學家印象頗深。更何況余光中譯過《梵谷傳》，對西洋繪畫藝術也有很高造詣，演講會當然不能錯過。

一聽之下，果然名不虛傳。余光中不但文字漂亮，口才同樣十分出色。海內外著名學者的演講也算聽過不少了，但像余光中這樣深入淺出，妙語連珠，引人入勝的，實不多見。會後，應新亞書院黃維樑兄之邀，與余光中共進晚餐，這也是我首次與余光中近距離接觸，他博識而不炫學，矜持而不傲慢，溫文爾雅，對我這樣的後輩也彬彬有

余光中（徐宏義攝）。

余光中《左手的繆思》第二版封面。

禮，同樣給我留下了深刻印象。

余光中那次在香港中大的日程排得滿滿的，兩天之後的午夜12時，我到中大雅禮賓館拜訪余光中，因為他實在擠不出其他時間了。我攜去在香港書肆購得的散文集《望鄉的牧神》、《青青邊愁》初版本請他簽名留念。隨意交談中余光中透露大陸有好幾家出版社與他聯繫，有意出版他的詩文，但他離開故土多年，對大陸文學出版界幾乎一無所知，心存疑慮，故擬暫不置理。我覺得這樣做未免消極，很可能給不法書商帶來可乘之機，因此建議他不妨先與大陸幾家信譽較好的出版社接洽，有所比較後再作決定。當時不要説余光中，就是我也沒有想到，十年之後，大陸二十所高校請他去講學，二十家出版社為他出書，余光中文集就出了好幾種！大陸近年的「余光中熱」，雖然還不像「張愛玲熱」那樣如火如荼，卻也令人刮目相看。

睿智加上機智，正是余光中的寫照。他曾説過：「大陸是母親，臺灣是

妻子，香港是情人，歐洲是外遇」，
何等貼切，又何等風趣！對「余光中
熱」，他自己的回答再巧妙不過：「哪
有什麼『余光中熱』呢？有之，無非
是中國熱，中文熱。我能散發的這一
點點熱，不過是中文熱的一點餘溫、
餘光」。「中文熱」的「餘光」，不就
是「余光中」嗎？其實，「余光中熱」
是有的，他的詩、他的散文、他的翻
譯，乃至他的文學批評，在在顯示了他
的人家風範。如果說白先勇是臺灣小說
的翹楚，那麼余光中就執臺灣現代詩和
散文的牛耳。不過，《鄉愁》固然膾炙
人口，我自己更喜愛他的散文，氣魄雄
厚，色彩燦麗，誠實地向讀者傾心吐
意，情致綿綿，又時有神來之筆，不能
不使人入迷。余光中的散文集不下二十
餘種，除了少數幾種，我大都購藏。今
年五月，同濟大學舉辦首屆文學節，承
主持人馬原、黃昌勇兄不棄，邀我參加
與余光中、莫言、蘇童等兩岸名作家的
對話，並指定我講評余光中的精彩發
言。那天我攜去余光中早期詩集《鐘乳

余光中《左手的繆思》環襯題字。

余光中著詩集《萬聖節》1960年初版本。

余光中題簽《萬聖節》扉頁。

石》、《萬聖節》、散文集《左手的繆思》、《逍遙遊》等初版本，看得出他感到意外的驚喜，告訴我這些書就是在臺灣也是很難尋覓了，再次欣然為我題字。

毋庸諱言，余光中也有失誤。七十年代末在臺灣「鄉土文學」論戰中發表的〈狼來了〉一文就是一篇敗筆。三個月前余光中發表〈向歷史自首？〉，對寫作〈狼來了〉的時代背景有所解釋，對〈狼來了〉發表後引起的種種爭端也有所辯白，但他公開承認此文「是一篇壞文章」，「不但措詞粗糙，而且語氣凌厲，不像一個自由主義作家應有的修養」。這種態度是光明磊落的，也是值得歡迎和尊重的。相比之下，那位與他同姓的文化散文家對自己的過去諱莫如深，就很難令人恭維了。

與余光中先生見面多次，一九九四年在蘇州大學中國現代散文研討會上，一九九八年在香港中文大學香港文學研討會上，一九九九年和二〇〇二年在香港全球華文青年文學獎頒獎儀式上，等等等等，每次都聆聽他的高論，每次都大有所得。今後有機會一定要再向他認真請益。

（原載二〇〇五年二月《美文》一九九期）

# 煙雨平生一劉公

**劉紹**銘先生，香港科技大學包玉剛傑出講座教授、嶺南大學榮譽院士，海外學界都尊稱他劉公。

早在26年前，就從書本上認識了劉公，那時讀夏志清先生《中國現代小説史》中譯本，主其事者即為劉公。這可是嘉惠海內外中國現代文學研究界的重要工作。劉公的譯序寫得真好，於簡明扼要、深入淺出中闡釋了《小説史》的學術價值，文中把《小説史》與王瑤先生、丁易先生、劉綬松先生三部中國現代文學史著作對許地山的不同評價作了耐人尋味的比較，尤其深得我心。

後來對港臺文學涉獵多了，才知道劉公在台港及海外文化界文名大大的，簡直如雷貫耳。劉公中英文俱佳，在英文學界，他主持翻譯的《中國現代中短篇小説選》和《中國古典文學》（與John Miford合編）至今仍是美國多所大學研究中國文學的必讀教材。在翻譯上，《一九八四》（奧威爾著）最早的中

譯本即出自劉公之手，他論述「自我翻譯」（Self-Translation）的論文也曾產生廣泛影響。在中文學界，劉公更是成就卓著，他對中國現代文學獨有會心，所謂「涕淚交零的中國現代文學」就是他的發明；他用「二殘」筆名創作的《二殘遊記》三卷，以小說體裁描寫留美學生的經驗和感受，嬉笑怒罵，亦莊亦諧，道盡海外學子的辛酸和歡悦，用他自己的話說，就是「二殘不是自傳，也不是小說，只是一個吃時代塵埃的美華知識份子的心路歷程」；劉公的散文也寫得好，從早期的《風簷展書讀》到最新的《煙雨平生》，劉公已在海峽兩岸三地出版了近二十部散文集，可算著作等身了。劉公散文筆墨燦爛，見性見情，在當今香港文壇上與董橋、林行止、李歐梵、陶杰並列為「五大家」。

　　雖然早就拜讀劉公的大著，與劉公「神交」已久，待到首次見面已是一九九六年了。那年中國現代文學研究會在山西太原召開年會，已在香港嶺南大學執掌中文系的劉公在許子東兄陪

二殘（劉紹銘）著長篇小說《二殘遊記第一集》臺灣洪範書店初版本。

同下欣然到會，這大概是他首次參加內地的學術研討會。會議主辦方出於好意，安排他入住「總統套房」。二星級的酒店竟然有「總統套房」，也是聞所未聞。我去拜訪他，發現「總統套房」的寫字臺大得驚人，是我從來未曾見識過的。劉公坐在大寫字臺後的大皮椅上，苦笑著對我説，「我真是受寵若驚，但衛生間的白毛巾已經泛黃，實在不夠『總統套房』的水準。」第二大早餐，他大概從未喝過黃澄澄的小米粥，奇怪地問我，我忙向他解釋，當年毛澤東就是依靠「小米加步槍」把蔣介石的八百萬大軍打得落花流水。劉公一聽樂了，一口氣把一大碗小米粥喝完，連聲説「小米加步槍」，有意思，有意思。

劉公是香港學界的「人牌」，但他從不擺架子，耍人牌脾氣。對我這樣不成器的後學，總是勸勉有加，盡力支持。我曾請他到敝校作學術演講，他二話沒説就來了，與他搭檔的是許子東兄。那晚華東師大圖書館大廳裏坐得滿滿的，劉公學養深厚，再加妙語如珠，演講會圓滿成功。會後他高興地説，還是大陸的學生求知欲強，在香港不可能有二三百號人來聽演講，難得當一次「學術明星」，很過癮。特別使我感動的是，由於我「學歷」太低，一度當不上教授，劉公得知後為我大抱不平，多次主動邀請我到嶺南大學攻讀博士。他對有個性有特色的青年作家也愛護備至，曾撰文高度評價香港女作家黃碧雲的小説，大陸女作家毛尖的散文，而今黃、毛等位早已文成名就，劉公的推介之功實不可沒。

從〈落難才女張愛玲〉開始，劉公寫了一系列見解獨到、足資啟迪的「張學」文字。但我想劉公在「張學」領域裏最得意的一件事，應該是二○○○年十一月在嶺南大學成功地主辦了「張愛玲與現代中

文文學」國際學術研討會，這是繼臺北中國時報社之後，在海峽兩岸三地舉辦的第二次大規模的研究張愛玲的學術盛會，從為張愛玲在文學史上定位的夏志清先生，到臺灣最年輕的「張派」作家林俊穎，都興致勃勃的與會，可謂老少咸集，群賢畢至。要知道夏先生已多年不出遠門了，不顧高齡和勞累從紐約飛到香港，沒有劉公的大面子，是根本不可能的。這次會上劉公創意多多，最吸引人的就是請「張派」作家登臺現身說法，王安憶、蘇童、須蘭、蔣芸、朱天文、林俊穎等位，被劉公巧妙地安排在同一講臺上，對張愛玲其人其文各抒己見，甚至激烈爭辯，煞是好聽，也煞是好看。

　　劉公是性情中人。他喜愛洋酒，凡讀過他的〈借問酒仙何處有？〉、〈半仙，如半仙〉兩篇華章的，一定印象深刻。承他看得起我，我每次到港，他都要邀我到灣仔的「醉湖」酒家歡聚（遺憾的是，我今年再次到港，「醉湖」已關門大吉），每次他的高足也是我的好友呂宗力兄總會攜一瓶上好的洋酒來，劉公細斟慢飲酒酣耳熟之際，總要乘興臧否古今人物，指點中外文事，我對洋酒一竅不通，自然只有恭聽聆教的份兒。本來今年金秋十月上海將舉行「張愛玲與上海」國際學術研討會，劉公早已答允與會並作主題演講，令人匪夷所思的是，會議因故取消。我原想在會上略盡地主之誼，陪劉公浮一大白，無奈只能俟之來日了。

　　蘇東坡的〈定風波〉歷來有名，鄭文焯批曰：此詞「以曲筆直寫胸臆」，「足徵是翁坦蕩之懷」。劉公多年來一直情迷詞中「一蓑煙雨任平生」句，以至新著散文自選集以「煙雨平生」為題，也足證他的滄桑之感，坦蕩之懷。香港學界文壇有劉公，實在是件幸事。

（原載二〇〇五年十一月《美文》第217期）

## 莊信正素描

二〇〇一年八月十二日，正在美國哈佛大學訪學的我專程到紐約拜訪夏志清先生，在夏府度過了極為愉快的一個週末。那天莊信正先生也來了，這是我與莊先生的首次面見。

我們之間的談話海闊天空，但中心話題自然是張愛玲。其時，夏先生箋注的張愛玲一九六三年至一九八二年間給他的百封信札已在臺灣《聯合文學》連載。我向夏先生表示，這些信札對研究張愛玲後期的生活、心境和創作至關重要。夏先生聽了高興，特意找出厚厚一大冊張愛玲的信札手跡原件，讓我仔細翻閱欣賞。

已從聯合國退休的莊信正先生是專攻西洋文學的，又是優秀的散文家。他是美國印第安那大學比較文學博士，曾先後執教於堪薩斯大學、南加州大學和印第安那大學，並曾接替他的恩師夏濟安先生在加州大學中國研究中心工作，這個職位後來又由張愛玲接替。莊先生與張愛玲保持了近三十年「半師

半友」的交誼，以張愛玲的個性。這是非常不容易的。

　　莊先生快人快語，初次見面就向我透露，張愛玲也寫給他許多信，他都珍藏著，連信封都完好無缺。我早已讀過張愛玲一九九五年九月悄然謝世後莊先生發表的〈初識張愛玲〉，文中引錄的張愛玲給他的信令我印象深刻。當時張愛玲事無巨細，從尋找工作、落實住所、搜集資料、致函友朋到一些生活瑣事，都委託莊先生辦理。當然，信中也有回顧寫作、討論學術、臧否人物等方面的精彩內容。但我知道莊先生很忙，一方面要為臺灣《中國時報》副刊撰寫「三少四壯」專欄，另一方面又要致力於《尤利西斯》研究，他可是海外華人學者中數一數二的喬伊絲專家，在臺灣出版過《尤力息斯評介》一書，所以一時恐無暇像夏先生那樣系統整理箋注張愛玲的信札。

莊信正收到的張愛玲第一封信。

時光飛逝，不知不覺五年過去了。其間莊先生所著《異鄉說書》也在二〇〇二年一月列為「臺港名家書話文叢」之一由雲南人民出版社出版了。今年一月十五日，正在臺灣東華大學客座的莊先生來到上海，我們在浦東香格里拉飯店長談了一整晚，以致我十一時辭出時地鐵已經停運，天下著濛濛細雨，計程車也揚招不到，弄得我頗為狼狽。

那晚我們談到了夏濟安先生，談到了夏濟安日記和其代表作《黑暗的閘門》，談到了夏濟安鮮為人知的筆名齊文瑜（正好與宋淇先生的筆名林以亮相對），還談到了夏志清先生對張愛玲信札的箋注。我趁機提出，張愛玲作古已整整十年，張愛玲給他那麼多信，是到了該整理公開的時候了。在我看來，這些信既是莊先生與張愛玲友情的見證，更具有不容忽視的研究價值，於「張學」大有裨益。莊先生是豪爽的山東漢子，一口答允認真考慮。

一個月後，臺灣有名的《印刻文學生活志》也向莊信正先生提出發表張

莊信正在大陸出版的《異鄉說書》。

莊信正在臺灣出版的散文集《展卷》。

愛玲信札的請求，從而進一步促使他下定決心，推遲其他研究計畫，趕回紐約完成了這項極有意義的工作。當我七月二十五日突然接到他的越洋電話，囑我安排在大陸發表他的長文〈清如水，明如鏡的秋天──張愛玲來信箋注〉時，我真是喜出望外。

信札歷來是研究作家不可或缺的重要資料，因為從中遠之可以「鉤稽文壇的故實」，近之可以「探索作家的生平」，甚至能夠「得到比看他的作品更甚明晰的意見，也就是他自己的簡潔的注釋」（魯迅：〈孔另境編《當代文人尺牘鈔》序〉），對張愛玲書信無疑也應作如是觀。近年來張愛玲致夏志清信札、致劉紹銘信札（部分）和致賴雅信札陸續披露，對張愛玲研究所起的推動作用是顯而易見的。這次張愛玲一九六六年至一九九四年間致莊信正先生八十四通信札的整理箋注，公布於世，是張愛玲信札整理史上的又一件大事。除了尚未「出土」的張愛玲後期致林以亮、鄺文美夫婦和致姑姑、姑父

前排：莊信正（左一）、夏志清（左二）、夏夫人王洞（左三），後排：陳子善（左）。

的信札，大概不會再有如此重要的發掘了。我在兩年前就已提出「希望在不久的將來，編撰一部較為完備的《張愛玲書信集》能成為可能」，現在離這個目標已經越來越近了。

（二○○六年九月一日急就於海上梅川書舍）

## 「昆曲迷」白先勇

**說起**白先勇，雖然他的小說〈永遠的尹雪豔〉一九七九年在北京《當代》創刊號刊出，是改革開放後臺灣文學作品首次亮相大陸文壇，比張愛玲作品重返故里還要早，但找見到他已是二十年之後的事了。

一九九九年十二月八日，白先勇重遊上海，到華東師大與文科學生見面。文學院院方因為我算是研究臺灣文學的，要我也參加接待。待我趕到校大禮堂休息室，才發現白先勇已像明星般被人簇擁著，記者的閃光燈不斷，場面鬧哄哄的，根本插不上嘴。在場的嘉賓還有名導演謝晉和名演員潘虹，謝晉編導、潘虹主演的電影〈最後的貴族〉是根據白先勇小說〈謫仙記〉改編的，我早看過，覺得不怎麼成功（白先勇小說改編成電影最精彩的還是楊惠珊主演的〈玉卿嫂〉），但接下來的報告會上，白先勇對分坐在他左右的謝晉和潘虹推崇備至，而且看得出來，他是發自內心的，可見他的謙遜和真誠。那天師大

151

白先勇在寫作中（1981年）。

白先勇著長篇小說《孽子》。

禮堂擠得水泄不通，連走道上都站滿了人。一位作家能受到青年學子如此熱烈的追捧，真有點出我意外，須知，當今世界已是影視明星、歌星、名模和體育金牌得主的一統天下了。

然而，我還是少見多怪了。後來我兩次在香港與白先勇再見，親眼目睹香港大學生對白先勇的歡迎程度，比之華東師大是有過之而無不及。他像走馬燈一樣在香港各大學間穿梭演講，簽名售書，忙得不可開交。我才意識到一位真正具有藝術魅力的作家不會在乎一時的聲名，但確實會贏得一代又一代讀者的心。

華東師大的首次見面儘管匆匆，我還是請白先勇在他的代表作：短篇小說集《臺北人》（我所藏已是臺灣爾雅出版社第二十九版了，可見其流傳之廣之久）上簽名留念。如果說二十世紀中國文學史上確實存在一個「張（愛玲）派」，那麼白先勇是理所當然、出類拔萃的一位。白先勇深受中國古典小說和「五四」新文學的浸染，又善於借鑒

西方「現代派」文學的寫作技巧，以
描寫新舊交替時代人物的傳奇故事見
長。他是寫短篇小說的聖手，作品盡顯
歷史興衰和人世滄桑，〈永遠的尹雪
豔〉、〈金大班的最後一夜〉、〈遊園
驚夢〉、〈玉卿嫂〉等篇早已成為二十
世紀中國小說的「經典」。一九九九年
香港評選二十世紀中國小說一百強，白
先勇繼魯迅、沈從文、老舍、張愛玲、
錢鍾書、茅盾之後排名第七，足以證明
他的舉足輕重的文學史地位。

　　特別難能可貴的是，白先勇對中國
傳統戲曲的精華——昆曲的迷戀。這在
二十世紀的中國作家中是十分突出的。
白先勇十歲時首次接觸昆曲，為梅蘭芳
「翩翩的舞姿」所吸引，從此愛上昆
曲，至今不渝。昆曲給了他靈感，使他
創作了名篇〈遊園驚夢〉；昆曲也開拓
了他的眼界，使他進一步感受到中國悠
久的文學詩性、心靈境界和美學理想。
上個世紀九十年代以降，白先勇更把自
己對昆曲的摯愛，由個人化的欣賞擴展
為社會性的弘揚和推廣，並為此盡心盡

白先勇散文自選集《昔我往矣》。

白先勇《昔我往矣》後記手跡。

力。二〇〇一年聯合國教科文組織確定昆曲為「人類口述和非物質遺產代表作」，應該說其中就傾注著白先勇的心血。二〇〇三年底我與白先勇再度在香港相聚，數次交談，只要一說起昆曲，說起他深為迷醉，全力推展的昆曲《牡丹亭》，他就眉飛色舞，滔滔不絕。他對我的現代文學史料學研究也極有興趣，一再表示要與我好好聊聊，可惜臨到分手，仍沒有等到合適的機會。

白先勇又要來上海了，為的是他主催的「原汁原味」的青春版《牡丹亭》的隆重獻演，他認為《牡丹亭》是「一曲歌頌青春、歌頌愛情、歌頌生命的讚美詩」。如能再次見面，我想告訴白先勇我最近的一個小小的發現，他的前輩俞平伯、李健吾、趙景深、顧仲彝、吳祖光等名作家都是「昆曲迷」，他大可宣稱自己對昆曲的癡迷是「吾道不孤」……。

（原載二〇〇五年一月《美文》第一九七期）

# 香港文學守護使

**小思**老師大概自己也沒有想到，當她看到電子大螢幕上出現「盧瑋鑾教授所藏香港文學檔案正式啟用」等字樣時，她會激動得熱淚盈眶，當時我止站在她身旁，這幕動人的情景看得一清二楚。說實話，我自己也很有些激動。

這是半個多月前的事。六月十七日下午，香港大雨滂沱，香港中文大學圖書館展覽廳裏卻是人聲鼎沸，熱鬧非凡。中國現代文學館館長陳建功先生來了，香港中大副校長廖柏偉教授來了，香港文學界的許多名流和媒體記者也來了，因為「中國現代作家簽名本展覽暨盧瑋鑾教授所藏香港文學檔案啟用典禮」正在這裏舉行。小思老師花費幾乎畢生心血珍藏的香港文學書刊電子資料庫終於建成啟用，「化私為公」，可以發揮更大的作用了。

小思老師是香港中大中文系教授，本名盧瑋鑾，筆名小思、明川（好像是她研究

素描

香港故事
個人回憶與文學思考

盧瑋鑾著

[手寫簽名]

牛津大學出版社
Oxford University Press

盧瑋鑾著《香港故事》扉頁。

豐子愷作品時的專用筆名），我們都親切地稱她小思老師。她在香港中大執教二十多個寒暑，培育英才，成就斐然，而最為人讚譽的貢獻，就是她對香港文學資料的搜集、整理、出版和研究。她當年送我的第一本書，就是她自己編選的《香港的憂鬱——文人筆下的香港（1925-1941）》（一九八三年十二月香港華風書局初版）。從而她一發而不可收，《茅盾香港文輯》、《許地山卷》、《香港文蹤——內地作家南來及其文化活動》、《香港文學散步》、《追蹤香港文學》（與人合著）等等，《香港新文學年表（1950-1969）》、《早期香港新文學作品選（1927-1941）》、《早期香港新文學資料選（1927-1941）》、1948-1969年的香港新詩選、小說選和散文選（以上均與人合編）等等，汨汨而出，源源不斷，都是研究香港文學不可或缺的重要資料，小思老師實在是為香港文學保存了珍貴的遺產。

小思老師坦陳，對香港文學，她是

經歷了一個從「無名」到「有智」到不
斷「發現」的過程的。為了讓稀見的香
港文學資料不致湮沒，她將近三十年苦
苦尋索，竭力搶救。她親口告訴過我，
為了得到一批香港文學早期書刊，她可
以在街頭苦等數個小時；她走訪多位香
港文壇前輩，她編制成了上萬張剪報和
卡片……在她瘦小的身軀裏竟有那麼充
沛的精力，那麼使不完的勁頭，簡直令
人難以置信。最近她發表了《造磚者言
——香港文學資料搜集及整理報告（以
上世紀二十年代至四十年代為例）》，
向讀者敞開她數十年如一日在香港文學
的大海裏悠然探尋，在香港文學的處女
地上默默耕耘的心路歷程，不能不使每
個關注香港文學的人肅然起敬。

　　小思老師不止一次的對我説過她的
擔憂，她奇怪大陸學者研究香港文學的
高產和多產，書沒讀過幾本，雜誌沒翻
過幾種，依據的只是二手乃至三手、四
手資料，長篇論文乃至大部頭的香港文
學史著作就這樣堂而皇之的發表和出版
了。她在「欽佩」之餘，不能不對這種

盧瑋鑾1996年8月5日致陳子善信。

治學方法表示懷疑，不能不對這類著述的學術價值表示懷疑，她是主張有幾分證據說幾分話的。

二〇〇二年夏，小思老師自香港中大中文系離休，離休前夕，她把自己三十年的珍藏慷慨捐贈香港中大圖書館，以此為依託，香港中大「香港文學研究中心」也應運而生。小思老師的捐贈包括：

（一）個人所藏香港文學、文化書籍及期刊；

（二）有關香港作家、期刊、社團組織、文學活動、報業史、社會文化之檔案資料；

（三）中國現當代文學、古典文學、史學、文化雜項書籍和期刊；

（四）作家書信、手稿、照片和紀念文物；

真是琳琅滿目，豐富多彩。當有人提出疑問，一個愛書人怎麼捨得如此割愛時，小思老師是這樣作答的：「那天六月六日（即捐贈珍藏的日子）確係我的斷腸時，但能為這批書籍資料找到一個

盧瑋鑾與陳子善2005年夏攝於香港中文大學圖書館。

好歸宿，待有心人將它的瑰寶發掘出來，正是我的最大心願。」雖說「資料公器，人人可用」，但這樣心胸寬廣，不願「私密」，以天下學術為重的境界，不是一般人所能達到的。

　　我與小思老師相識相交二十餘年了，受惠於她幫助的著實不少。我與臺灣中國現代文學史料學界的學術交流就有賴於她的牽線搭橋，我感興趣的香港文學書刊包括張愛玲在香港出版的譯著也常常得之於她的饋贈。她知道我愛貓，也多次把在港覓得的中外「貓書」詒我。原來她也是愛貓人，但她不養貓，只收集貓咪睡覺的照片，她覺得貓咪的睡姿甚美，我當然馬上奉上我家「皮皮」酣睡時的「玉照」。這次我應邀到香港中大演講，本來是受了她所藏中國現代作家簽名本的啟發，漫談簽名本的研究價值，卑之無甚高論，她卻冒雨前來聽講，虛懷若谷如此，也不是一般人所能做到的。

　　論者稱「盧瑋鑾教授是香港文學研究的奠基者。她的教學熱誠，啟導了一群有志從事香港文學研究的青年學者；她的研究成就，為香港文學研究建立了平臺」，這是恰切的評價。《辭海》對「守護神」的解釋應該是權威的：「被奉為特定範圍或領域內加以看守、護衛的神。」從這個意義上說，小思老師可以毫不誇張的被稱為香港文學的「守護神」。但我想她一定不會同意我們這樣稱呼她，她認為自己只是一個普通的香港文學研究者，因此本文定題「香港文學守護使」。

　　　　　　　　　（原載二〇〇五年八月《美文》第二一一期）

## 張香華「貓眼看人」

**俗語**說「狗眼看人低」，那麼，貓眼看人，又當如何？貓與狗雖然同為人類的伴侶，與人的關係卻是變幻莫測，一言難盡，正如奧地利人詩人里爾克所言：「誰能瞭解貓？——例如，你們自稱瞭解貓，這有可能嗎？」

儘管人與貓的溝通難度大大高於狗，這從海內外馬戲團中絕少有貓表演的節目就可明瞭，連長頸鹿、駝鳥都能在馬戲臺上「秀」一場，但貓卻不能，非不能，不願隨意受擺佈也。偏偏有一位海峽彼岸被譽為「絲」一般的女詩人張香華知難而上，用她的生花妙筆撰寫了一部詩集《貓眼看人》（二〇〇五年一月蘇州古吳軒出版社初版），給我等愛貓人帶來意想不到的驚喜，帶來莫大的歡樂，也帶來了深入的思考。

以貓入詩，當然不自張香華始，中外古今都有。風靡世界的音樂劇《貓》不就是根據Ｔ‧Ｓ‧艾略特的長詩〈擅長裝扮的老貓

經〉改編的嗎？中國現代文學史上，也有朱湘的名詩〈貓誥〉。不過，以貓為本位，完全從貓的視角出發，整本詩集六十餘首詩全都寫的是「貓眼看人」，卻的的確確是張香華的獨創。

張香華並不從來就是「貓癡」，她曾經疏遠貓，憎惡貓，在很長一段時間裏對貓否定多於肯定。然而當她與作家柏楊結合以後，當小貓「孟子」（貓而起名「孟子」是柏楊的絕妙主意，「新儒家」諸位飽學之士一定會嚴正抗議）在她家出現之後，當柏楊把她暱稱為「貓」之後，一切都變了。她開始喜歡貓，愛戀貓，讚揚貓的美德，也容忍貓的惡行，以至以貓自居，進入貓的靈異世界。

《貓眼看人》寫的是另一隻與作者親密相處的邏羅貓「熊熊」。「熊熊」高齡二十歲（依動物學家研究，貓齡一歲相當於人類七歲，「熊熊」竟然活了整整140歲，堪稱「貓瑞」了）聰慧機敏，率真可愛，擁有觀察人間百相的能力。從《貓眼看人》中大可領略「熊熊」獨特的思維、雋永的語言和幽默的談吐。

張香華著、李蘇羽繪詩畫集
《貓眼看人》。

「熊熊」對人類世界不無揶揄，他揣摩男女主人的心態，嘲笑人類的自以為是，往往一針見血，令讀者忍俊不禁，且看這首〈外語〉：「從沒聽說過馬戲團，／有馴獸師降服過貓，／我，看不慣兩面手法，／威逼利誘，一手鞭，一手肉，／如果，一定要我上臺表演，／我就表演說外語：『江，江汪，江‧』」《貓眼看人》既是「熊熊」的成長史，同時也是他對人類的批評史。

張香華、柏楊和暹羅貓「熊熊」。

「貓眼看人，笑死貓了呀！」《貓眼看人》書末向讀者提出一個意味深長的問題：「你同意『熊熊』的看法嗎？」不管你是否同意，至少「貓眼看人」種種應該引起你的思考。與其說是「熊熊」看人，不如確切的說是作者張香華在冷眼看世界，在剖析人世百態。人其實永遠不能懂得貓是怎樣看人的，想像動物無非企圖窺見它們眼底的世界，也是力求訴說關於人類的寓言。林語堂說得好：「總有一些智者相信動物有許多足以教導我們的地方」，讀《貓眼看人》應可信矣。

筆者與張香華其實並不熟，十年來僅通過一次信，見過一次面，得到過她三本贈書（散文集《秋水無塵》、《小鳥啁啾而過》和詩文集《南斯拉夫的觀音》）而已。元旦前突然接到她的電話，對拙編《貓啊，貓》收錄她和柏楊的「貓文」表示感謝，可見她很講究禮節。待到讀了《貓眼看人》，不禁拍案叫絕，於是寫了上面這些話，權作這位與貓一樣聰穎機智的臺灣女詩人的「素描」。

（原載2005年4月《美文》第203期）

張香華散文集《秋水無塵》。

**彈得**一手好「曼陀林」，每天夕陽西下時分必沿太平山頂的林蔭小道散步，每晚必手不釋卷或奮筆疾書至次日凌晨，一周至少有兩三篇洋洋數千言的「政經專欄」見諸自己創辦的《信報財經新聞》（以下簡稱《信報》）報端，這位作者是誰，你是否猜得出？他就是被譽為「香港第一健筆」的林行止先生。

行止先生原名林山木，早年曾在金庸先生創辦的《明報》工作。「文革」風暴席捲神州大地時，他正在英國劍橋攻讀經濟學，以《明報》記者的身份採訪鋼琴家傅聰（這份訪問記至今讀來仍具震撼力，可惜未能收入去年出版的《傅聰：望七了！》），披露過大翻譯家傅雷的最後一封家書，這是我對行止先生最初的印象。後來我又讀到他的「少作」《英倫采風》，筆調洗練，趣味盎然。因此，在認識行止先生之前，我就十分欽佩林山木其人其文了。

當然，行止先生的「專業」是經濟學，在香港，他的大名是與張五常先生並列的。張五常能寫出一手漂亮的中文文章，除了香港名作家舒巷城的點撥，也多虧了行止先生的催逼。行止先生一九七三年在香港創辦《信報》，真是意義重大而深遠。講歷史，《信報》遠不及《大公報》悠久，比《明報》也晚生不少年，但若講影響，《信報》絕對是後來居上。《信報》是香港第一份同時也是中國第一份財經報刊，三十多年來，一直秉持客觀、公正、直言不諱的態度，不斷對香港乃至整個中國的經濟發展提供意見和建議，其中行止先生已結集煌煌七十餘卷的「政經短評」起到了關鍵作用，不但發表當時不脛而走，也一直是大陸經濟學界著重研究的對象。《信報》的「文化版」也是名家薈萃，佳作紛陳，為香港知識份子所必讀。正是基於此，我在擔任華東師大圖書館副館長時，「利用職權」為廣大師生訂閱了《信報》，自以為是得意的建樹。

也許因為我是搞文學的，對經濟學是十足的門外漢，所以我更喜歡行止先生的「閒讀閒筆」。行止先生對經濟學情有獨鍾，對用文學的筆法闡釋經濟學更情有獨鍾，他一直有心「嘗試透過文字推動經濟學普及化，因為經濟學實在太重要太有趣了」。行止先生的嘗試獲得了意想不到的成功，他的經濟學散文實在精彩，無論〈書多未曾經我讀　事有不可對人言〉、〈倫敦駱伯做鞋記〉、〈公司年報與色情小說〉、〈未免有情與商情〉等舊文，還是〈那話兒說來話長〉、〈廚房中的達利〉、〈流氓經濟學家百無禁忌的探索〉、〈「屁」話連篇〉等新作，旁徵博引而不掉書袋，引經據典又自有識見，無不拓人眼界，啟人心智，而且文筆之波俏，語言之幽默，不能不使你忍俊不

禁，愛不釋手。

奇文一定會有讀者欣賞，行止先生的《閒在心上》、《拈來趣味》、《閒讀偶拾》等自選集在香港一版再版，洛陽紙貴，就是明證。近兩三年來，行止先生的經濟學散文也在京滬等地陸續出版，又在內地掀起一股「林行止熱」。奇怪的是，就我所看到的大陸出版的各種香港文學史著作，從不提及行止先生的散文，那些文學史家未免太畫地為牢了，未免太近視了，難道經濟學散文不是散文？難道那些膚淺的說理、濫俗的抒情的散文才算散文？行止先生文采斐然的經濟學散文自是開創了當代散文創作的新天地，是遠紹賈誼《鹽鐵論》，近追林語堂「閒適」小品，獨闢蹊徑自成一路的絕妙文章。在我看來，香港文學史是應該為行止先生專設一章的。

我一直注意搜集行止先生的經濟學散文著作，自《英倫采風》、《原富精神》、《經濟家學》起，直至最近的《不「文」集》，幾乎一本不少。二〇〇一年秋訪問臺灣時，在已故沈登恩兄大得嚇人的辦公室兼書庫裏檢出他為祝賀行止先生生日而特製的《經濟門楣》、《經濟家學》布面精裝本，書脊上的書名、作者名史威德（這是行止先生的又一個筆名）燙金，封面上僅印行止先生原名山木英文縮寫SM兩個字母，也是燙金，簡潔、莊重又大方。這兩種特製精裝本僅裝訂了二十部，作者和登恩兄各存一半。我索得一套攜至香港請行止先生簽名留念，從而成為我收藏的行止先生著作中的「珍本」。

有幸結識行止先生是安迪兄介紹的。行止先生是《萬象》的主要撰稿人之一，他愛讀《萬象》，行文中常流露對《萬象》的偏好，《萬象》刊登我推薦的周越然的「性學」小品，行止先生就頗為讚

沈登恩特製的林山木著《經濟門楣》
特裝本扉頁，右上角有「送給遠景的
朋友」印章，下方有作者題簽。

沈登恩為慶賀林山木生日專印的二十冊
《經濟門楣》特裝本之一，封面燙金字
「SM」為林山木英文名縮寫。

許。當《萬象》遇到困難時，他曾主動伸出援手。他來上海，就會約安迪兄、毛尖小姐和我見面暢敘。行止先生為人低調，又惜時如金，用他自己的話說，他是「不會去作無謂的應酬，更不會浪費在無聊的電視節目上」的勤奮看書作文的實踐者和鼓吹者。但我每次到港，他總要擠出時間，邀來董橋先生、劉紹銘先生、鄭樹森先生等一起歡聚，足見他的真誠好客。雖然行止先生話不多，傾聽多於言說，但與他在一起聊天，你就能真切的感受到什麼是睿智的力量，什麼是友情的溫暖。

透過行止先生寓所的落地長窗俯瞰，香港維多利亞港灣的美景一覽無餘，行止先生讀書寫作累了，經常站在窗前遠眺。此時面對隔海九龍城的璀璨燈火，這位「香港第一健筆」想必又在構思新的華章了⋯⋯。

（原載二〇〇五年十二月《美文》第219期）

# 快人快語的蔡瀾

**蔡瀾**是文章妙手，也是性情中人。說他是文章妙手而不說高手，是因為他的文章天南海北，三教九流，吃喝玩樂，什麼都寫，什麼都能寫得鮮活生動，妙不可言，令人稱奇，也令人莞爾。雖然都是大白話，卻很耐讀。說他是性情中人，則是因為他不假道學，不假斯文，對異性懂得欣賞，也懂得尊重，雖然他拍電影，喜寫字，擅篆刻，絕對是風流倜儻，但他常在河邊走，就是不濕腳，確實不簡單。

蔡瀾的書真多，「玩物養志」、「草草不工」、「附庸風雅」、「放浪形骸」，甚至「葷笑話老頭」，都可以拿來做書名。筆者已經收藏了四十餘種，但這還是四年前的統計，現在大概已突破六七十種了。說他著作等身，絕非過譽。執香港文學出版牛耳的香港天地圖書公司有三大「臺柱」，亦舒、李碧華之外，就是蔡瀾了。他們三位的作品都是「天地」獨家出版的。前兩位的佳作早

已在大陸風行一時，讀者想必耳熟能
詳，蔡瀾進入大陸晚了一步，是否能後
來居上，尚待進一步觀察。

　　說起筆者與蔡瀾的交往，其實並
不多，僅數面之緣，而且都在香港，來
去匆匆。倒是蔡瀾近年常來上海，而且
還在上海「發展」。作為「美食家」，
他的飲食散文又是一絕，所以來申城與
人合作開了一家「粗菜館」，也在情理
之中。但我未在申城與他見過面，也未
去「粗菜館」嘗個鮮，捧一下場。每
次給蔡瀾打電話，不是人在新加坡，
就在臺北，還有一次遠在雪梨，更多
的是帶領香港饕餮之徒旅行團去日本
和韓國，滿世界到處飛。當然，他也
會忙中偷閒上華山與「金大俠」「論
劍」。蔡瀾與「金大俠」是數十年的老
朋友了，友情甚篤，難怪金庸在臺灣版
蔡瀾作品集序文中稱除了妻子，「蔡瀾
是我一生中結伴同遊，行過最長旅途的
人」，「蔡瀾是一個真正瀟灑的人，率
直瀟灑而能以輕鬆活潑的心態對待人
生」。

蔡瀾著《蔡瀾隨筆》（1993年版）。

那次應蔡瀾之約，在香港中環歷史悠久的陸羽茶室（數年後在此發生過一場震動香港的槍殺案，大陸也有過專門報導，讀者也許還有印象）飲早茶，品嘗精美的廣式點心之餘，筆者提出能否編選他的散文小品在大陸出版，蔡瀾快人快語，朗聲答曰：「有錢大家賺，你放手去做就是」。如此信任，倒有點出人意外。沒想到好事多磨，一拖數年，實在有點對不住他。好在進入2005年，他的近作《蔡瀾小品新選》（四卷本，山東畫報出版社）終於可以問世了。

再次與蔡瀾見面的地點，移到了他在香港尖沙咀的辦公室裏。這是一間充滿書卷氣又不失濃郁現代氣息的辦公室，可以遠眺維多利亞港灣的粼粼海水。筆者注意到辦公室房門背後牆上竟懸掛著一幅「采花大盜」丁雄泉的大裸女圖，風格誇張奇特，引人眼球。丁雄泉的畫名在海外十分響亮，歐美許多美術館、博物館都收藏他的畫，而在內地卻默默無聞。不過，讀者如去上海「新天地」，只要用心留意，還是能夠找到丁雄泉畫作的複製品，也要賣到二三千元一幅呢。丁雄泉又是蔡瀾學畫的老師，蔡瀾珍藏丁雄泉最為擅長的裸女圖既是對老師的尊重，也足見他的鑒賞力。這次拜訪的收穫是獲贈一冊蔡瀾改寫、李漁原作的《覺後禪》，在書的扉頁上蔡瀾大筆一揮：「陳子善先生教正。蔡瀾二千年愚人節後一日」。

也就在這次神侃中，蔡瀾透露了一件「秘密」。當時陳水扁剛在臺灣「上臺」不久，而某年蔡瀾與「金大俠」一起去臺北赴「紅樓宴」，沒想到時任「臺北市長」的陳水扁聞訊也來附庸風雅，見到蔡瀾，連説「久仰久仰」。蔡瀾正色道：「你怎麼可能知道我？説什麼久仰久仰！」他坦言很不喜歡陳水扁的虛偽，以自己能當面給其陳水

扁一個難堪而得意。

　　這就是蔡瀾，這就是可愛的被香港電影巨星成龍（蔡瀾做過多部成龍電影的製片人）稱為「每個人的朋友」卻又絕不願做虛情假意之徒朋友的蔡瀾。

　　（原載2004年12月《美文》第195期）

蔡瀾改寫《覺後禪》。

蔡瀾《覺後禪》環概題字。

## 「記憶」應該有「腳註」

——關於董橋《記憶的腳註》

**董橋**先生又出新書了。這次是《記憶的腳註》，裝幀就別致，不是一般的別致，而是十分別致。書是狹長大三十二開本精裝，淺灰色細絨封面封底，手感極佳。封底和書脊印有英國比亞茲萊（A.V.Beardsley）為R.A.Walker設計的花卉藏書票，古雅之中透露著嫵媚。打開書本，版心疏朗，天地寬廣，又有作者珍藏的吳昌碩、齊白石、溥心畬、李叔同、章士釗、沈從文、謝月眉、唐雲等近現代書畫大家的佳作作為插圖點綴其間，捧讀之餘，真可用「賞心悅目」四個字來形容。

記得去年初夏到香港中文大學訪問，與董先生和《記憶的腳註》責任編輯林道群兄歡聚，説起董先生這一兩年來寫得少了，他的報章專欄已從每週五篇減至二三篇再減至目前的一篇。先前他的散文小品集，像《小風景》、《白描》、《甲申年紀事》等等，都是每年七月香港書展前夕推出的，今年卻

董橋著《記憶的註腳》。

董橋題字的《記憶的註腳》環襯。

無以為繼。但在二〇〇五年即將過去之際,《記憶的腳註》的問世,無疑給海內外「董迷」帶來了意外的驚喜。

《記憶的腳註》裝幀如此精美典雅,自然與書中內容相匹配。董先生追求的是「記憶」,擅長的也是「記憶」。文壇往事,藝苑軼聞,文人雅興,學者風範,董先生曾經歷的,欲查考的,所嚮往的,經他的妙筆一描畫,一點染,無不散發著迷人的風致。他的文字本來就匠心獨運,在《記憶的腳註》中是更為精純圓熟了,像〈余家後園牡丹盛開〉,像〈相思樹下搜神小記〉,像〈Selfridges那頓午飯〉諸篇,讀後掩卷沉思,總覺意味深長,氣象萬千。

而今流行「懷舊」,其實,董先生筆下的人,追憶的事,才是真正的「懷舊」。「懷舊」不能沒有「腳註」,否則,這「舊」是真是假,是好是壞,都分不清,該「記憶」的偏偏遺忘了,不該「記憶」,不值得「記憶」的,偏偏又喋喋不休,豈不糟糕?因此,有論者

認為「腳註」一詞算得上是解讀董先生近年散文小品的一把新鑰匙。在當下這個又新又冷的時代，董先生甘願當一個向後看的「文化遺民」，充溢筆端的舊人舊事舊文舊書舊字畫舊掌故舊風物，頑強地展示著董先生的固執，董先生的堅守，董先生的文化情懷，正如董先生最喜歡的一方閒章所刻的「董橋癡戀舊時月色」。

　　我不久前出版了一本小書《迪昔辰光格上海》，「迪昔辰光」是上海方言，意即「那個時候」，書中說的也是「那個時候」（即上個世紀三、四十年代）的老上海，於是寄給董先生一本，請他指教。董先生在贈我《記憶的腳註》時，在書的扉頁大筆一揮，寫下了這樣四行字：

　　　謝謝子善仁弟惠賜
　　　《迪昔辰光格上海》
　　　投桃報李，奉上
　　　記憶「格」腳註存念。

　　　　　　　　　　董橋　二〇〇五年十一月十六日

原來董先生也有幽默風趣的一面。

（原載2006年1月《美文》第221期）

# 放「野火」的龍應台

那是1987年夏天的事了。我應旅法老作家、郁達夫「粉絲」柳門先生的邀請，第一次跨出國門，到西柏林（東西柏林的提法隨著二十世紀九十年代初德國的統一已成為歷史陳跡）參加歐洲華人學會第3屆年會。參加這次會議的大陸作家、藝術家和學者共五位，即蕭維熙、雁翼、周韶華、李燕杰和我。前四位的大名，現在的讀者可能還知道，可能已經不大知道，但這無關緊要。我要説的是，已經從臺灣移居西德相夫教子的龍應台也出席了這次會議，從而使我有機會第一次近距離接觸和觀察來自海峽彼岸的學者，而且是曾在臺灣引起震動（不僅僅是轟動，的的確確是震動）的《野火集》的作者。

龍應台是湖南人，「湘妹子」的辛辣在她身上是很清楚的體現出來了。但她生在臺灣，長在臺灣，又負笈美利堅，受過很好的學術訓練，返臺後在大學執教英美文學，本可以學院派學者的身份著書立説，功成名

177

就。誰知她偏偏不安分，在臺灣《中國時報·人間》副刊撰寫專欄指點江山，激揚文字，發出「中國人，你為什麼不生氣」的嚴厲責問，一把「野火」把臺灣社會上下燒得不得安寧，拍手稱快者有之，恨之入骨者更有之。從這個意義上說，龍應台越界議論臺灣社會種種時弊，是扮演了「公共知識份子」的角色，也是她的知識份子的良知使然。不消說，這是很冒風險的，她離開臺灣去西德不能說與她放「野火」無關。

初見龍應台，我就發現她溫柔外表底下的一股堅毅幹練勁。她快人快語，對許多問題，譬如當時大陸南方沿海已經出現的賣淫現象，有自己大膽獨到的看法。當時海峽兩岸剛剛解凍，你不瞭解我，我也不清楚你。她大概看我比較隨和，私底下問我：「叢維熙是什麼人？有什麼作品？」我當然樂於向她詳細介紹叢維熙坎坷的文學經歷，強調他改革開放後創作的《大牆下的紅玉蘭》享譽大陸文壇，時任作家出版社總編輯。有趣的是，叢維熙開始對龍應台

龍應台（中）1987年夏與陳子善（左）等攝於西德西柏林。

是何方神聖也不大了然，幸虧我那時已讀過《野火集》（初次見面時，龍應台題贈我的《野火集》竟是第七十八版，僅此一端就足見她當時在臺灣的巨大影響力），於是我又向他詳細介紹龍應台其人其文，特別提到了她的另一部熔專業批評和社會批評於一爐的《龍應台評小説》。經過我這樣一番「穿針引線」，他們兩人果然「惺惺相惜」，談得十分融洽。這次開會的結果就是一年之後，作家出版社推出了《龍應台評小説》大陸簡體字本，這是龍應台的作品首次在大陸登陸，為此，我還收到了她專門從西德寄來的簽名本。

《龍應台評小説》大陸版。

大陸讀者更多的知道龍應台是二十世紀九十年代初以後的事。龍應台在上海《文匯報·筆會》開設的專欄文字大受關注。雖然常有刪節的事發生，弄得不大愉快，畢竟大陸比以前寬鬆得多了。她那些犀利的文化批評，對西方資本主義和東方僵化的社會主義的無情針砭，對言論自由的頑強堅持，對社會開放、多元和公正的熱情呼喚，以及從不

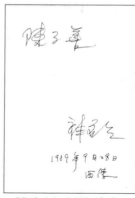

《龍應台評小説》扉頁，
上有龍應台題簽。

停止的對「人」和「人性」的深切關懷，激起眾多讀者的共鳴。我在她首次來滬的間隙，請她到華東師大對文科的研究生作過一次專題演講，她不但尖銳機智，口才也是一流，滔滔不絕，咄咄逼人，反響同樣甚佳。她的觀點也不斷引起爭議。頗有代表性的就是她那篇女權主義味十足的〈啊，上海男人〉，刊出後引起軒然大波，聲討她的文字著實不少。不過平心而論，龍應台的批評自有一定道理，身為「上海男人」之一員，我倒是很願意與她討論一下這個「憂鬱」的問題，可惜一直沒有合適的機會。

以前龍應台每出一種新書都會送我一本，每次來上海也都會約我見面，真是盛情可感。自從她當上臺北市文化局長之後，情形就有些不同了。這是完全可以想見的。她越來越忙，又成了「官方」人士，我自然知趣。二〇〇一年夏她再次來上海開會，不巧，我正在美國哈佛大學訪學，失去了又一次近距離接觸和觀察「當官」以後的龍應台的大好機會。

龍應台畢竟是龍應台。在體驗了「當官」的甜酸苦辣以後，在嘗試了知識份子參政的功過得失之後，龍應台掛冠而去，復歸知識份子本位，現在正在香港城市大學客座，同時繼續用理性、知性、感性交融之筆評說世界風雲，暢論兩岸人文，這無疑是令人欣喜的。作為老朋友，我們已經很久沒有見面了，是不是繼續「相忘於江湖」？但願不久的將來會在上海重逢。

（原載二〇〇四年十一月《美文》第一九三期）

# 建構「張愛玲學」的人

**寫了**〈張愛玲稱讚的散文家〉，突然想到，應該寫一寫高全之，一位馳名海外的張愛玲研究家。

大作家成就大評論家，譬如，有了魯迅，才有李長之、曹聚仁，才有唐弢、馮雪峰，才有錢理群、汪暉、王曉明等等。要研究魯迅，李、曹、唐、馮、錢、汪、王諸位的論著是不能不讀的。在張愛玲研究領域裏，夏志清破天荒首次為她在中國現代文學史上定位，水晶出版了第一部研究專著《張愛玲的小說藝術》，唐文標在發掘張愛玲早期佚文和相關史料方面功不可沒，鄭樹森在發掘張愛玲電影成就和旅美生活等方面卓有建樹，王德威關於「祖師奶奶」和「張派傳人」的一系列論述也廣有影響，接下來就該輪到寫了《張愛玲學：批評、考證、鉤沉》（二〇〇三年三月臺灣一方出版公司初版）一書的高全之了。

我的記性越來越壞，一時竟想不起是怎樣與高全之取得聯繫的，反正在二○○一年春夏之交訪學美國哈佛大學燕京學社之前，已與高全之魚雁不斷了。在美國期間，我抽空去了一趟洛杉磯，目的有三，一是應詩人、學者張錯之請，在南加州大學作學術演講，二是查閱南加大圖書館的「張愛玲特藏」，《同學少年都不賤》就是在那裏發現的，三就是拜訪高全之了。

對這位張愛玲海葬儀式參加者之一的張愛玲研究者，我充滿了好奇心。雖然同在洛杉磯生活，雖然潛心研究張愛玲，但他從不去打擾張愛玲，直至張愛玲謝世，如果換了我，肯定做不到。而他的張愛玲研究，也是獨樹一幟，宏觀把握和文本細讀相結合，考據和論辯相融會，在當今熱鬧非凡的「張學」界實不多見，也是我深為欽佩的。

高全之是商務印書館創辦人高夢旦的孫輩，家學淵源，他也一直以此為榮。然而令人大感意外的是，高全之的專業並非文學研究，而是電腦技術。

高全之著《張愛玲學》。

張愛玲骨灰海葬出席人合影，右起第一人高全之。

他是美國紐約州立大學布法羅分校的電腦科學碩士，現為美國一家有名的飛機公司的資深電腦顧問。研究張愛玲原來只是他網下的「餘事」，業餘愛好而已，沒想到做得如此出色，如此精彩。在我看來，日新月異的電腦技術如果缺了高全之，大概不會有大的問題，但張愛玲研究如果缺了高全之，那可就是十分重大的損失了。

不過，高全之的文學研究並不局限於張愛玲，在《張愛玲學》之前，他已在臺灣出版了《當代中國小說論評》、《王禎和的小說世界》等論著，廣獲好評，白先勇就讚譽他「以嚴謹誠虔的態度，客觀分析的筆調，來評論臺灣當代小說」，「文理縝密，冷靜清晰」。

那次與高全之的見面是值得一說的。我要他帶我去探訪張愛玲故居，以盡一位「張學」研究者的憑弔之情。誰知因是星期天，物業

管理員休假，我們無法進入公寓。高全之還使了個小花招，冒充我倆是租住公寓的新房客來看房，仍未奏效。總不能像美國警匪片中經常描寫的那樣破門而入吧，幸好還有整個下午時間，乾脆先到附近的一家書店裏邊喝咖啡邊聊天，也許張愛玲生前也是這家書店的常客呢。我倆一聊就是兩個多小時，話題自然緊緊圍繞張愛玲。高全之快人快語，對大陸一位德高望重的文壇前輩的張愛玲觀提出尖銳批評，經過辯論，我承認他的看法切中要害，同時也盡我所知對有關背景作了解釋。後來他在《張愛玲學》的自序〈焚書記〉裏對此有較詳盡的記述，只是隱去了我的名字。

也許因了高全之的帶領，我時來運轉。當夕陽西下，我們離開書店時，我想再一次到張愛玲故居大門口轉一轉，向這位「祖師奶奶」告別。恰巧見到剛從公寓出來的一位女大學生站在路邊揚招出租，機不可失，高全之立即上前與之交談，竟說服她乖乖的為我倆打開了公寓大門。我終於得以進入公寓，在張愛玲最後生活的小屋門前攝影留念。

第二天，高全之又冒著高溫，親自驅車帶我到洛杉磯最大的中文舊書店淘書，我覓得了木心的《散文一集》和黃仁宇以李尉昂筆名出版的歷史小說《汴京殘夢》，著實高興了一陣。後來我每次有求於他，包括搜集張愛玲的英文著述，包括我的研究生撰寫博士論文需要的英文書刊，他都及時伸出援助之手，從不含糊。

二〇〇三年初春，我收到了期待已久的《張愛玲學》，這部厚達四百餘頁的大書全面地顯示了高全之的「張學」功力，他在書中透過《小艾》、《赤地之戀》等多篇小說的版本演進，探索張愛玲無意言傳的文思機密；他從小腳與鴉片這兩種不為人注意的民族陋俗，深入

理解〈金鎖記〉的微言大義；他也從藝術距離的角度斟酌《怨女》的得失；他以歷史情境重估「上海孤島」觀念與後殖民「張論」的貢獻與限制；他用政治與非政治的方法欣賞《秧歌》；他借西方與中國小說的影響追蹤《十八春》與《半生緣》的同源共根性；他還從科幻小說的視角捕捉張愛玲小說多彩多姿的時間印象。總之，正如著名詩人瘂弦在此書序中所說的，《張愛玲學》「代表了高全之這些年來賞讀張愛玲、思辨張愛玲、考證張愛玲、神往張愛玲的概括札記錄，也是代表他的美學修養和批評實踐的一次完美結合。」

這篇小文當然無法也沒有必要詳細評論高全之這本「張學」專著的學術價值，但我想只要讀過這本文思縝密，文采飛揚的論集，即使你不完全贊同高全之的觀點，只要不存偏見，你就無法抑止驚喜之情，因為這是一本非常不一樣的「張論」，體現了「文以辨潔為能」、「事以明核為美」的中國傳統文學批評精神。高全之以與學院派不同的獨特視角，從實證和充分論析的角度為「張愛玲」學的建構作出了自己的可貴努力，「祖師奶奶」如泉下有知，應為能有高全之這樣的後輩知音而慶倖。

對張愛玲創造的迷人的文學世界，高全之還在繼續思考，繼續探索。當他得知今年十月為紀念張愛玲逝世十周年，上海將舉行張愛玲研究國際研討會時，馬上表示要提交研究論文。我正滿懷希望地期待著，那一定也是新的翱遊，新的見地。

（原載二〇〇五年七月《美文》第二〇九期）

# 神秘的李碧華

她個子嬌小，留著一頭長度略微超過肩膀的直髮。穿著打扮像初院（初中）女生：白色上衣，藍色牛仔褲，外加紅色毛衣，臉上完全沒有脂粉痕跡。年齡據她自己說是「超過三十歲」。但由於裝扮樸素簡單，個子小，一眼望去，還可冒充個「二十好幾」。

上面這段文字素描寫的是誰？恐怕沒幾個讀者猜得出來。這位「穿著打扮像初院女生」的普通女性不是別人，正是享譽海峽兩岸三地文壇藝苑，大名鼎鼎的香港女作家李碧華。

之所以不厭其煩的引錄這段對李碧華外貌的描述，是因為李碧華不像那些「美女作家」，不時有容光煥發的玉照示人。李碧華成名後的照片至今沒有公開過，記得有份媒體介紹李碧華其人其文，刊用的竟是她三歲時的「玉照」，真是有點搞笑。

## 李碧华
(香港)

香港作家李碧華多年來堅持不曝光，照片從不上報。這里為李碧華的外貌特徵作個小小的素描：她個子嬌小，留着一頭長度略微超過肩膀的直發。穿着打扮像初院女生：白色上衣、藍色牛仔褲，外加紅色毛衣，臉上完全沒有脂粉痕跡。年齡據她自己說是"超過三十歲"。但由于裝扮朴素簡單，個子小，一眼望去，還可冒充個"二十好几"。

李碧華著有作有：小說《青蛇》、《胭脂扣》、《誘僧》、《霸王別姬》及散文集《青红皂白》、《白開水》及《红塵》等。

《客答問》中的李碧華簡介。

## 陈子善
(中国)

陈子善，中国文史研究学者，上海华东師范大学图书馆副馆长，近年来从事"非主流作家"的研究工作，尤其对于三十年代红遍上海的小说家张爱玲有所偏爱；陈子善自一九八六年挖掘出张爱玲失散多年的旧作《小艾》之後，这几年来也前後收集、整理了不少谈论张爱玲其人其文的作品，对研究张爱玲的文人学者頗有助益。

《客答問》中的陳子善簡介。

整整十年前，新加坡女記者張曦娜小姐出版了一部《客答問》（1994年6月新加坡富豪仕大眾傳播機構出版），收錄了包括王蒙、王安憶、莫言、張賢亮、余秋雨、於梨華、聶華苓、龍應台等在內的二十二位海內外作家學者的訪談，我不才，竟也有幸入選。李碧華自然也在其中，而且她的訪談就排在我的前面。出人意外又在意料之中的是，二十二位被訪談者中唯獨李碧華沒有照片示人，只能用上述這段文字描寫取代，其個性的倔強獨特由此可見一斑。

李碧華數十年如一日作風低調，不但堅持不曝光，照片不上報，而且也輕易不見人。二十世紀九十年代以降，我先後編選了《綠腰》、《蝴蝶十大罪狀》、《聰明丸》、《咳出一隻高跟鞋》、《牡丹蜘蛛面》、《長在身上的鎖》等六種李碧華散文選，但從未見過李碧華本人。我們之間只靠傳真聯繫。有一年在香港訪問獨家出版李碧華著作的天地圖書公司編輯部，副主編顏純鉤先生一見面就對我說，老兄來晚了一

步，李碧華前腳剛離開。我倒不覺得
怎麼遺憾，雖一直未謀面，卻早已從
奇詭淒豔的文字中認識李碧華了，還
是錢（鍾書）老先生說得對，你覺得雞
蛋好吃，何必非要去認識下蛋的母雞呢
（大意）。

　　從《胭脂扣》到《霸王別姬》，從
《秦俑》到《青蛇》，從《潘金蓮前生
今世》到《煙花三月》，李碧華跨越雅
俗，貫穿古今，自由來往於陰陽之間，
巧思靈視層出不窮。與張愛玲一樣，她
這些文采斐然的佳作為應時當今的中國
想像，投下了又一種華麗與蒼涼的魅
影。就我個人而言，則更喜歡李碧華思
想綿密，意象瑰奇，文字曼妙的散文。
而且，李碧華的巨大影響，不僅在文學
界，更在電影、電視、舞蹈、戲劇和新
聞出版等界顯示。今天的讀者和觀眾，
沒有接觸過李碧華作品的，恐怕已很少
很少了。對李碧華的作品，海內外學者
已在做多種解讀，諸如殖民迷魄與民族
主義、女性主義與性別置換、商品文學
與文化生產、野史演義與正史論述，後

李碧華散文集《草書》。

李碧華著《聰明丸》（大陸版）。

現代遊戲與前現代靈異之類，不一而足。李碧華的作品與她的為人一樣神秘迷人，是說不盡的。

　　李碧華經常獨自一人到上海遊覽，寫過不少有趣的海上見聞，上海《新民晚報‧夜光杯》上就有她的不定期的專欄文字。但沒人知道她，沒人認識她，也就沒有了討厭的媒體的追蹤和採訪。她獨來獨往，樂得逍遙。親愛的讀者，當你在上海豫園或「新天地」或「港匯廣場」，見到一位衣著素樸淡雅的嬌小的知識女性從你身邊走過，也許她就是李碧華！

　　　　　　　（原載二〇〇四年十一月《美文》第一九三期）

# 「另類」的邁克

**七年**前一個風和日麗的秋日下午，在香港，牛津大學出版社林道群兄安排我和邁克見面，地點是邁克定的，熱鬧的銅鑼灣一家幽靜的咖啡館。當我倆七轉八彎到達時，邁克還未出現。我打量這家只有不到二十個座位、牆上沒有任何裝飾、陳設簡潔的小咖啡館，納悶邁克何以選中這麼個不起眼的所在。待到邁克趕到落座，故作神秘地告訴我，這家名為「為你鍾情」的咖啡館的主人並非等閒之輩，正是香港電影、歌壇兩棲巨星張國榮，我才明白他是要讓我見識一下，領略「店不在小，有名則靈」的道理。

邁克光頭，渾身洋溢著藝術家氣質，我已知道他早年學的是工藝美術，所以不以為怪。但他談吐溫文爾雅，彬彬有禮，與他的文章詼諧幽默又不失鋒芒相比，判若兩人，倒有點出我意料。呷著濃郁的咖啡，邁克談笑風生，把香港文壇和藝壇的趣聞軼事娓娓道來，特別對那些「另類」人物的介紹

邁克著《采花賊的地圖》。

邁克著《采花賊的地圖》扉頁，
上有邁克題簽。

更是繪形繪色，令我如聞其聲，如見
其人。

　　邁克自己就十分「另類」。香港
文壇有三位擅長專欄的散文名家，文
字功力甚是了得，各有絕招，一是董
橋，二是陶杰，三就是邁克了。有趣的
是，邁克早年的散文集都是自己印的，
什麼「風中細路」，什麼「大本營」，
壓根兒都是他自辦出版社的代名詞。而
且，從《書啊書》到《影印本》到《豔
遇》，裝幀版式也很「另類」，書前一
概沒有「目錄」，你若要知道書中收了
哪些妙文，非得從頭至尾讀完不可。找
邁克的書也很吃力，香港坊間很難見到
蹤影，香港另一位出色的散文家陳輝揚
兄（近年失了聯繫，據說雲遊四海去了印
度）為我尋覓邁克的處女作《采花賊的
地圖》就大費周章，把書寄我時還不忘
寫上一句「終覓得此書」！

　　真要感謝楊之水女士，如果不是
她在大名鼎鼎的北京《讀書》上撰文推
薦《采花賊的地圖》，我恐怕至今不知
道其人其文。邁克是如此「另類」，以

致香港中文大學盧瑋鑾（小思）教授得知我喜歡邁克的作品，吃了一驚：「你怎麼會對邁克感興趣的？」為什麼不能對邁克感興趣？他的文字太漂亮，太有趣了。香港有了邁克這樣的散文家，才顯示出香港文學的豐富和多元。邁克至今沒有進入香港文學史，這不是邁克的錯，而是那些文學史撰寫者有眼無珠。

　　邁克寫讀書，寫旅遊，寫電影，寫美術，寫文學，寫戲劇，古今中外信手拈來，很多機智，很多幽默，異彩紛呈。而邁克之所以為邁克，是因為他寫身體，寫情色，寫情欲，寫同性戀，寫飲食男女，也都劍走偏鋒，令人稱奇。他對同性戀文學藝術史很下過一番功夫，對西方和港臺性文化的歷史和現狀也作過較為深入的考察，化為文字就是有名的《假性經》、《男界》和《性文本》三書。撇開文采不論，邁克的「性學三書」是在兩性書寫領域裏極為大膽也極具才華的文化批評。雖然書中夾雜不少粵語方言，對我而言有一定的閱讀障礙，但一旦讀懂，不禁拍案叫絕。當

邁克著《性文本》。

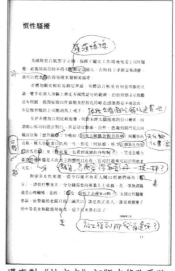

邁克對《性文本》初版本修改手跡。

然，「風花雪月在他筆下掛一漏萬，簡化為風月的例子不勝枚舉，引起誤解也絕對不出奇」。

還有一點不能不提，邁克是不折不扣的「張（愛玲）迷」，用他自己的話說，就是「深愛張愛玲」。他到底寫過多少關於張愛玲的文章，他自己大概也記不清了。十年前張愛玲逝世時，邁克寫下的僅二百多字的悼文〈天女散花〉實在好，於是就印在拙編《作別張愛玲》的封面上：

> 像她這樣，才真正是天女散花，揮一揮手，芬芳四播──嗅覺不靈的，也傾倒於她姿態的曼妙，殷殷銘記。她的大並不在於題材技巧甚至胸襟，而在於無邊無際福至心靈的施予。有幸借花獻佛的，應該知道永遠感激。

> 她每完成一篇文章，感覺是狂喜。一種禁不住的手舞足蹈。一種解放了自己的好的安慰。一種問心無愧的驕傲。那麼，在完成旅程的時候，大概感覺也是狂喜罷？

至於他多年前對臺灣皇冠出版社版張愛玲作品集校勘錯訛所提出的批評，不但是張愛玲著作版本研究上的開山之作，也足以使學院派的張愛玲研究者汗顏。

現已定居巴黎的邁克，散文集已由香港牛津大學出版社獨家包辦了。《我看見的你是我自己》、《狐狸尾巴》、《互吹不如單打》，一本接一本，令人目不暇接。他也經常飛來上海，會晤文友或是欣賞

昆曲，每次都要約我和主編《萬象》的安迪兄、寫「小資」散文著稱的毛尖小姐等喝咖啡聊天，具有濃厚懷舊氣息的「馬勒別墅」就是我們經常光顧之地。

　　可是我有一件事有點對不住他。他知道我養貓愛貓，熱心的為我搜集法國畫貓大家史丹林的作品寄來，使拙編《貓啊貓》大為增色。我卻忙中出錯，在《貓啊貓》中漏收了他的寫貓佳作〈貓同志〉和〈漫畫貓〉，好在邁克大度，並不計較。

　　　　　　　　　　（原載二〇〇五年五月《美文》第二〇五期）

## 發掘藏書票風景的「書癡」

**臺灣**作家吳興文兄又來上海了。此行短短幾天，他要參加在上海圖書館舉辦的「人文藝術風采——西方文化名人藏書票特展」的開幕式，展出的所有藏書票原作都是他的珍藏；他要為新著《我的藏書票之旅》（二〇〇一年八月北京三聯書店初版）在上海的首發式簽名售書；他還要為海峽兩岸作家捐助臺灣地震災民義賣募集簽名本，真夠他忙的。

說興文兄是作家，其實還不夠全面確切。他當然寫得一手淡雅清通、富於書卷氣的好散文（可惜我為他編選的《書癡閒話》散文集至今還「待字閨中」，未能與大陸讀者見面），同時對中國現代文學及臺灣地區當代文學也造詣頗深，在史料的考證整理方面尤見功力，多年的臺灣文學年鑑和臺灣《文訊》雜誌每月一次的「臺灣文學新書」均出自他的編纂。他又是臺灣卓有成就的編輯出版家，顧頡剛的讀書筆記、臺靜農的晚年論著、黃仁宇的《資本主義與二十一世紀》等史學名

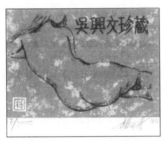

吳興文藏書票（香港梅創基作）。

吳興文著《圖說藏書票》
（臺灣典藏版）。

著，以及近年轟動學界的《胡適與韋蓮司》等書，都是他責任編輯的。他還是臺灣屈指可數的藏書家，有在北京琉璃廠「海王村」一次「搶購」數十種名家簽名本的紀錄，至今還是北京「潘家園」和上海文廟古舊書集市的常客。

特別應該提到的是，興文兄自九十年代初起醉心於收藏藏書票。他從搜集當代中國版畫家的作品入手，逐漸擴大到日本和歐美，追溯到十八、十九世紀。他不但發現了國人最早使用的「關祖章藏書票」，與李樺、楊可揚、范用等文化界前輩結成「忘年交」，而且經過十多年的不懈搜求，終於成為繼葉靈鳳、黃俊東、董橋之後又一位中國藏書票收藏大家，同時還在海峽兩岸出版了《票趣：藏書票閒話》、《圖說藏書票：從杜勒到馬蒂斯》和《藏書票世界》等著作。就收藏歐美藏書票名家精品之多，研究藏書票歷史和文化蘊含之深，興文兄足以稱作海峽兩岸第一人。

這次在上海圖書館展出的百多款歐美文化名人藏書票原作，票主從艾略特

到厄普代克、從卡萊爾到靄理斯、從畢卡索到康定斯基、從華盛頓到愛德華八世，都是我們聞所未聞，見所未見的，就是在西方，也已難得一見了。它們是興文兄藏書票寶庫中的珍品，是他歷年苦心搜求的豐碩成果。幾乎每枚精美的藏書票的背後都有一段不為人知的動人故事，對這些故事的追索，形成了興文兄這部最新的從文字到配畫到裝幀設計都令人愛不釋手的《我的藏書票之旅》。跟隨興文兄用深入淺出、趣味盎然的文字寫成的這部新著在五光十色、美妙無比的藏書票世界中旅行，我們讀到的是一位愛書人對濃縮西方人文藝術精華的藏書票風景的精心發掘和闡釋。興文兄的《我的藏書票之旅》給我們讀者的啟示將是多方面的。

（原載二〇〇一年九月二十四日《新民晚報・夜光杯》）

# 王蒙愛貓

**說來**也奇怪，我與王蒙的數次見面都不在上海，而在千里之外的香港。王蒙是大作家＋大名人＋大忙人，又不住在上海，何況他從事的是當代文學創作，而我感興趣的是已經遠離這個紛擾世界的那些現代作家，所以我與他就像兩條平行的鐵軌，本來不可能相交。然而，不知是刻意還是偶然巧合，上天還是安排我們一次又一次在香港相聚。

去年十二月初，我應邀參加香港中文大學文學院主辦的第二屆新紀元全球華文青年文學獎頒獎儀式。王蒙是文學獎短篇小說組評委，真正的嘉賓，我們再次見面了。我已不能確切記得這是第幾次見到王蒙。好像第一次是王蒙應邀蒞港演講，我正好在香港中文大學訪學，於是在香港作家聯會的宴席上首次見面，我還臨時買了一本他的新散文集請他簽名留念。第二次是香港《明報月刊》主編潘耀明兄宴請王蒙夫婦和正在香港城市大學客座的劉再復夫婦，我正好在港，又應

201

邀作陪。第三次是在首屆新紀元全球華文青年文學獎頒獎儀式上。如此説來，這次應該是第四次了。

三年不見，王蒙依然精神抖擻，反應敏鋭，説話不緊不慢，幽默風趣。有些作家筆下風雲雷電，講話卻是木訥寡言。王蒙完全不同。他不但文筆十分了得，被譽為「最充分地反映了中國1949-1980年間世道人心的代表作家」，而且口才也極為出色，興之所至，天南海北，滔滔不絕，在當代作家中幾乎不作第二人想。如果是上臺作報告，更是亦莊亦諧，妙語連珠，不是逗得聽眾哄堂大笑，就是引來一陣陣熱烈的掌聲。

與王蒙交談，往往是一種精神的享受，智慧的激發。那晚香港中文大學文學院賞飯，正好與王蒙同桌且毗鄰，説些什麼呢？談文學，談教育，談兩岸三地，似乎都太嚴肅，應該説些輕鬆的，權當「開胃酒」，我突然想到王蒙與我同屬「愛貓族」，何不與他談談養貓？

王蒙愛貓，他與貓的因緣可以追溯到「文革」時期。當時他還在新疆伊

王蒙與貓

犁「流放」，養了一隻會玩乒乓球又從不偷嘴的聰明可愛的黑斑白狸貓。王蒙很喜歡這個小生命，稱之為「謙謙君子」，下鄉，帶著它，回城，也帶著它，頗有相依為命的味道。沒想到這隻小貓的結局十分悲慘，竟被人下了毒餌中毒針而死，以至王蒙在他的《貓話》中沉痛地説：「人是世界上最殘忍的動物！」

回到北京重新執筆為文以後，王蒙仍然養貓。北京朝內北小街上以前有有一座幽靜的四合院，文壇前輩夏衍曾長期在此居住。夏衍也是以愛貓著稱，我在七十年代末拜訪夏衍時，他書房中那隻見多識廣、見了生人一點也不害怕的黃貓曾使我頗為驚訝。後來王蒙成了這座四合院的主人，仍然愛貓養貓。這座四合院前後二位主人均是名作家，又均與貓結下不解之緣，真是太巧也太難得了。王蒙在這裏養的貓不修邊幅，邋遢甚至骯髒，卻完全順其天性，讓其率「性」而為，不閹不打，用王蒙自己的話來説，就是「以貓本位的觀點而不是以人本位的觀點來養貓的」。

有這樣的背景，與王蒙談貓，預計會很愉快。果不其然，王蒙一聽我也養貓，而且編了一部《貓啊，貓》的書，擬收入他的名文〈貓話〉，馬上表示出極大的興趣，一再詢問書中收入哪些作家的貓文。他還問我是否讀過新出版的《你是不會説話的人──一個貓家族的故事》一書，我答曰：剛買，未及細讀。他立即説：應該讀，回去趕快讀，還透露已經寫了一篇書評予以推薦。後來我認真讀了李靖這部別開生面的貓散文集，確實感人至深。可惜我還未讀到王蒙的書評，這一定是他的一篇新的寫貓妙文。

那晚，餐桌上與王蒙所談竟大半圍繞著貓，也是我始料未及。王

蒙告訴我，他遷入新居後，因「高高在上」，已不養貓了，但他永遠是「愛貓族」之一員。人與貓狗等小動物的關係，說到底是人與自然界的關係，地球上不是只有人居住，人絕不應該自恃「萬物之靈」，高高在上。養貓的人應該是有愛心、善良的，王蒙的「貓道主義」很值得我們深思。近來禽流感蔓延，一些原本寵養狗貓的人因此又像以前「非典」猖獗時期那樣任意丟棄貓狗，他們在王蒙這樣的「愛貓族」面前，應該感到羞愧。

（原載二〇〇四年二月《上海電視》月末版）

# 陳村點滴

**新時**期以來的上海作家群中，陳村是頗引人注目的一位。他不像王安憶那樣大紅大紫，卻同樣具有鮮明的創作風格，同樣不斷地進入當代文學史家的論述。但我一直大都與「死人」和「將與死神相見之人」（指上個世紀三四十年代的現代作家）打交道，所以很晚才認識這位還比我小六歲的名作家。

初見陳村是在什麼地點、什麼時間和什麼場合，我已不復記憶了。只記得有一次南匯的傅雷紀念館邀請幾位作家學者商討傅雷生平事蹟陳列事宜，陳村和我由傅敏先生推薦，均在被邀之列。陳村在會上對傅雷的人品、文品和紀念傅雷的意義發表了很好的意見，深得我心。他還建議由我來編纂《傅雷年譜》，以彰顯這位大翻譯家對中法文化交流所作的不可磨滅的貢獻，也使我受寵若驚。可惜我不思長進，至今辜負他的期待。

二○○一年，我應當時的《上海文學》主編蔡翔兄之約，為該刊主持一年的「時

間‧記憶」專欄，選登海內外名家撰寫的研究上海文化的論文和回憶上海風土人情的散文隨筆，率先向國人推介了現居美國紐約的前輩畫家、藝術評論家、散文家木心先生的數萬字長文〈上海賦〉。沒想到陳村讀到後在第一時間裏給我打電話，對此文大加讚賞，認為是近年「懷舊熱」中寫老上海最精彩的一篇，當然，也大大表揚了我的推介。他後來還把此文貼到網上廣為流傳，而且宣告「不告訴讀書人木心先生的消息，是我的冷血，是對美好中文的褻瀆，小子於心不安」。當此文收入拙編《夜上海》一書後，陳村又來電指出書中的錯字，強調這樣的美文是不該印錯字的。陳村對此文的偏愛，顯示了他閱讀的細緻，對文字的敏感和與眾不同的藝術鑑賞力，不能不使我佩服。

現在同濟大學中文系擔任主任的小說家馬原上個世紀八十年代末傾注大量心血拍攝了一部反映新時期作家、翻譯家生活和創作的電視專題片，卻無人識寶，至今待價而沽。那次上海有所高

陳村近影。

校對這部電視專題片產生了興趣，請專家評審，巧得很，我又與陳村一同被邀出席。那天下午突降雷陣雨，歸途我與陳村同車，隔著窗外陣陣雨簾，他眉飛色舞地向我大談網上購書經驗，特別是他無意中以一百多元的價格獲得一份六十年代上海電影製片廠計畫拍攝電影《魯迅傳》的訪談記錄列印本。我早知道這份訪談錄，內容豐富，頗具史料價值，但對訪談錄的整理者，學界曾有不同看法，情況頗為複雜。不久，陳村把這份訪談錄在網上公開了。我很贊成他這樣做，「資料乃天下公器」，何況這份訪談錄中諸如沈從文在六十年代對胡適和「新月派」的一些議論等等，對瞭解那個特定時期知識份子的複雜心態至關重要。不管這份訪談錄引起了怎樣的爭議（現在網上正熱鬧著呢），但我認為陳村是做了一件大好事的。

陳村是以「知青文學」成名的（他原名楊遺華，「陳村」是筆名，正是取自他插隊落戶安徽時所在生產隊的名字），但現在的年輕讀者知道他，可能更多的是因為他曾是著名的「榕樹下」文學網站的主持人，而今又是「九久讀書人」網站的特約嘉賓。陳村確實迷戀網路，尤其是「網路文學」的積極倡導者，可以毫不誇張地說，「網路文學」的興盛，陳村功莫大焉。遺憾的是我對此道一竅不通，只能不談。

古人云「君子之交淡如水」，我覺得我與陳村就是這樣的君子之交，我從與他的並不密切的交往中受益匪淺。

（原載二〇〇四年十一月《上海電視》月末版）

## 蘇童的笑

**蘇童**經常笑，蘇童的笑容很迷人。六七年前，我的一位出版界朋友策劃了四本一套的當代小說家散文叢書，作者分別為蘇童、余華、莫言和賈平凹，都是當今文壇上大名鼎鼎的人物。前三位專程來滬參加首發式，晚上歡宴時我去了，人多，與蘇童沒說上幾句話，但他笑容可掬，令人頗感親切，不像有些名作家喜歡故作深沉狀，見面沒幾句就一本正經侈談文學，反而令人感到無趣。事後我突發奇想，讓朋友請他們三位在各自的新著上簽名留念，算是圓了一回收藏當代名家簽名本的夢，但賈平凹那本空白，至今仍是四缺一。

一九九九年初冬，我與蘇童又不期而遇。那是南京舉辦全國書展，我應邀參加一個露天的出版宣傳活動，到場後才發現蘇童和葉兆言也來了。蘇童開口就笑著說：「沒想到又見面了。」那天寒風陣陣，我們在廣場上坐了一個多小時，凍得夠嗆，總算堅持

蘇童隨筆選《紙上的美女》。

蘇童《紙上的美女》扉頁。

到了結束。接下來的午宴上，蘇童笑容滿面，妙語連珠，相比之下，金陵城內另一位我喜歡的大牌作家葉兆言就有點不苟言笑了。

　　一年之後，香港嶺南大學文學院舉辦「張愛玲與現代中文文學」國際研討會，盛況空前。主辦者又出奇招，邀請海峽兩岸的「張派傳人」到會，大陸代表是蘇童和王安憶、須蘭三位。有趣的是，王安憶公開否認她是張愛玲的「傳人」，年輕的須蘭則坦然承認深受張愛玲的影響。蘇童介於兩者之間，既不承認也不否認，但從他的大會發言〈張愛玲讓我想起了林黛玉〉來看，他顯然對張愛玲作過認真研究，有獨到的見解。他認為「生活對於張愛玲是一件磨破了領口的旗袍，記錄這磨破的領口成為了張愛玲的天職」，這是深得我心的。

　　我是大陸唯一被邀請與會的「非作家」，再度與蘇童見面，當然很高興。我也再次見到蘇童經常面露真誠的笑容。對與會的文壇前輩，如夏志清先生等位，他也表示了應有的尊重，不像

有些作家出了名，就有些目空一切起來。在主辦者專門安排的「張愛玲與我」大型座談會上，蘇童端坐主席臺，絕大部分時間面帶微笑，只是當有讀者問及電影《大紅燈籠高高掛》時，蘇童才嚴肅起來，答曰：「張藝謀導演的這部得獎影片雖然根據我的小說《妻妾成群》改編，但已是他的再創作，與我沒多大關係了。這個問題不知被人提過多少次，不想再多談。」我很理解蘇童的回答。蘇童的小說，如《婦女樂園》，如《米》，如《紅粉》等等，「大膽的充滿奇思異想」，從「先鋒派」到「新歷史」，都成了新時期文學史上的「經典」。《妻妾成群》即便不被改編成電影，仍然是蘇童最優秀的作品之一，是「新寫實」的代表作，自有其獨立存在的文學價值，何必非要扯上張藝謀？

五月中旬，同濟大學舉辦九十七周年校慶「作家週」，馬原兄的特邀嘉賓中又有蘇童，我們得以第四次聚首。笑著握手之後還是那句老話：「我們又見面了。」他自然地問起我最近在忙些什麼，我們真的成了老朋友似的。聽說蘇童的專場演講十分成功，這本是我所預料的，許多作家都能說會道，何況是以笑容面對莘莘學子的蘇童？在馬原兄精心組織的晚間對話會上，蘇童隨意地坐著，隨意地說著，也隨意地笑著，沒有大套的理論，也沒有刻意的說教，卻實實在在，耐人尋味。尤其當他講述自己不如女兒純真質樸的故事時，更贏得了滿堂掌聲。當有學生提問看不懂他的新著長篇《蛇為什麼會飛》時，蘇童又笑了，詳細解答了他的創作意圖，並表示自己的新嘗試可能存在問題，他會繼續思考。

與蘇童的每次見面都是那樣匆忙，未能盡興，但蘇童的笑給我留

下的印象是深刻的。他的笑給人以溫暖，也給人以感染。我沒有見過他開懷大笑，他的笑容中總帶有一點疑問，一絲狡黠。人生本來就存在種種不公、種種不如意，不允許人笑口常開。蘇童的笑體現了他對人生的審慎的樂觀，也體現了他對人生的獨特的觀察，正如他自己所說：「我們該為讀者描繪一個怎麼樣的世界，……如何讓這個世界融合於每一天的陽光和月光。這是一件艱難的事，但卻只能是我們的唯一的選擇。」

（原載二〇〇四年七月《上海電視》月末版）

# 可愛的小寶

**上海**陝西南路地鐵站裏的「季風書園」，大概沒有讀書人不知道的。

如果你到這家品種豐富、環境優雅又飄散著時尚氣息的滬上著名的民營社科書店去逛逛，就不難發現書店附設的小咖啡廳裏，經常有幾位在「保留座」上高談闊論的特別人物，其中那位經常口銜煙斗、一臉嚴肅的就是我的朋友小寶兄。

當年「我的朋友胡適之」曾傳為笑談，幸好小寶兄還沒有胡適之那樣有名，所以我不必擔心這樣說是在故意與他套近乎。

我之所以要把他稱為「特別人物」，是因為他不是「季風書園」的讀者，如我者，而是「季風書園」的股東之一。他與「季風」的大「老闆」嚴兄經常在小咖啡廳「坐堂」，接待來自海內外各方的文人墨客。我有幸常被他們「接見」，恭聽他們往往是切中時弊的雋言妙語。

不記得是什麼時候認識這位上海灘上屈指可數的雜文高手的，好像九十年代初，小寶兄在上海一家文藝節目報撰寫專欄時就開始了。

他那些「嬉笑怒罵皆成文章」的專欄小品頗為我所喜愛。當然，與他「親密接觸」是「季風書園」開張以後的事了。最初的「季風書園」就設在他住所的樓下，誰也沒想到短短數年，「季風書園」成了享譽海內外的國內最有名的民營書店之一，而小寶兄的雜文也越寫越精彩，成了北京《三聯生活週刊》的專欄作家。

小寶雜文集《愛國者遊戲》毛邊本。

專欄寫多了，自然要出書。小寶兄的雜文集出版了兩本，一本是《別拿畜牲不當人》，我寫了篇書評吹捧，題目反其意而用之謂《不要把人不當畜牲》，不料老編認為不雅，擅自改了。小寶兄如果知道，一定會覺得可惜，另一本《愛國者遊戲》（他送給我的還是特製的毛邊書）也大獲好評。將來如有人編撰「新時期雜文史」，這兩本書必然會提到。

　　小寶兄知識淵博，見解獨到，常有驚人之語。他善於正話反說，反話正說，東拉西扯，高雅低俗，正人君子，男盜女娼，無所不談。這樣寫文章不是鬧著玩的，沒有機智，沒有智慧，絕不可能寫好。在小寶兄貌似玩世不恭，冷潮熱諷，其實機敏過人的文字背後所呈示的，正是他的學識、才情和嫉惡如仇的正義感。

　　文章了得還只是小寶兄橫溢才華的一個方面。不知怎的他又搖身一變成了電視節目主持人，他主持的《讀家報導》作為讀書專題節目，真是有聲有色。他在電視上妙語如珠，常引觀眾忍俊不禁，而他自己卻一本正經，從不輕易言笑，所謂「冷面滑稽」是也。他又約請知名「美食作家」沈宏非兄搭檔，一唱一和，更是好看。採訪余光中，採訪德波頓，是小寶兄主持《讀家報導》的連台好戲。說實話，他的主持水平是遠在那些只有臉蛋而腹笥空空的所謂「名主持」之上的。

　　《讀家報導》目前暫停，據說小寶兄正在策劃新招，相信重新開張後的《讀家報導》會給我們新的驚喜。

　　我不寫讀者也許已經猜到，小寶是個筆名，脫胎於金庸武俠名著《鹿鼎記》的主人公韋小寶。看來小寶兄最佩服韋小寶，否則他也不會借用「小寶」作為自己的筆名。但這只是我的推測，未及向他本人求證。至於他的真名，也因來不及徵求他本人同意，不便在此披露，只能敬請讀者諸君見諒。唯一可以透露的是，香港《信報》上與毛尖、柳葉同寫「上海通信」專欄的梁昶也是他，「梁昶」者，逼良為娼是也，你說小寶逗不逗！

（原載二○○四年十月《上海電視》月末版）

# 一個「張迷」的上海地圖

**記不**清是怎麼跟淳子女士認識的，好像她邀請我到東方廣播電臺做節目，內容自然與張愛玲有關。在這之前，我一直不知道這位上海有名的電臺節目主持人還是不折不扣的「張迷」。「張迷」實在太多了。

我們不常見面，隔很長一段時間才會約了喝杯咖啡聊聊天，在上海虹橋路的「老樹咖啡」、衡山路的「凱文咖啡」、長寧路的「真鍋」咖啡館，等等。話題仍然圍繞著張愛玲。淳子謙虛，總說要向我請教。前些年的一天她歡欣地告訴我，她已寫了一本《張愛玲地圖》，我真是又驚又喜，不能不對她刮目相看。

眾所周知，張愛玲是與上海結下不解之緣的。她的少年和青年時代在上海度過，她的文學生涯在上海起步，她的電影創作在上海發端，她的初戀也是在上海開始和結束的……。總而言之，張愛玲的文學史地位、聲名和深遠影響都與上海息息相關。從某種

意義講，上海成就了張愛玲，沒有上海也就沒有張愛玲。也因此，原本要舉行的內地首屆張愛玲學術研討會就以「張愛玲與上海：國族、城市、戰爭、性別」為題，上海是應該引張愛玲為自豪的，就像她引魯迅、巴金為自豪一樣。

《在這裏──張愛玲城市地圖》作為《張愛玲地圖》的重寫本，更詳細再現張愛玲在上海生活過的地方，具體描繪張愛玲在上海留下的足跡，而且將其與對張愛玲作品的解讀勾聯起來，互相發明，互相補充，把「張愛玲與上海」具象化、立體化了。如果我們不拘泥於學術著作的現有成規，那麼我認為，這本《在這裏──張愛玲城市地圖》應視作一部別開生面的張愛玲前傳。

說老實話，這項追尋張愛玲與上海千絲萬縷關係的工作本來應該由「張學」研究界同仁來做的，這是張愛玲研究者義不容辭的學術責任，可惜沒有。學院中人大都不願做或不屑做，這類成果既不理論，也不能算做符合學院體制的學術專著，從功利目的考慮，鮮有人

已經消失的張愛玲母校
聖瑪麗亞女校教堂鐘樓

關注並願在這方面下大功夫也就不奇怪了。我當然沒有這種偏見，也曾用心踏訪過張愛玲常德路故居和黃河路故居，前者催生了《傳奇》和《流言》，後者催生了《十八春》和《小艾》，我據此論斷這兩處故居在張愛玲前期創作史上舉足輕重，簡直具有里程碑似的意義，其他地方相對而言顯得並不重要，或可忽略不計。讀了淳子的書稿，我才發覺自己的理解未免狹隘。張愛玲的出生地、張愛玲求學的教會學校、張愛玲短暫居住過的里弄或公寓、甚至張愛玲去過的電影院和光顧過的商店等等，其實都有或顯或隱有趣的乃至至關重要的故事，就等待著有心人去發掘，去闡釋。冰雪聰明的淳子這樣做了，她成功了。

有意思的是，《在這裏——張愛玲城市地圖》是本散文集，感性色彩鮮明，完全是淳子的個性化寫作。因為淳子不是學院中人，她可以不受學院清規戒律的約束，在《在這裏——張愛玲城市地圖》中自由自在地揮灑她那優美而又略帶憂鬱的文筆，盡情寫下她的查考、思索和奇思冥想。淳子從小在上海長大，對上海特別是對上海的過去有著極為深厚的感情，這種濃烈的「懷舊」之情也在《在這裏——張愛玲城市地圖》中清晰地體現了出來。也許可以這樣說，淳子用了數年時間費心費力，追尋的正是她心目中的張愛玲。她通過這本《在這裏——張愛玲城市地圖》傾訴著她對張愛玲的摯愛，同時也傾訴著她對上海的懷戀。

一個作家和一座城市，生活創作的融會，愛恨交錯的糾纏，早已成為中外學界研究的熱點。外國的，像倫敦之於狄更斯，巴黎之於雨果和波特萊爾，都柏林之於喬伊斯，布拉格之於卡夫卡，都是文學史

家研究的重要對象。中國的，像北京之於張恨水和老舍，紹興之於魯迅，也都是大家耳熟能詳的，有多少研究者在不斷地言説。從這個意義上講，上海之於張愛玲，值得探討的研究空間又是何等深廣。淳子的《在這裏——張愛玲城市地圖》還只是個良好的開端，「張學」研究者大可在此基礎上進一步拓展。

《張愛玲地圖》初版本出版前，淳子就要我寫序。後來此書臺灣版將付梓，她重提前請，我因出國和事冗，竟兩次爽約，很對不住她。現在《在這裏——張愛玲城市地圖》重寫本又將面世，高興之餘為她寫下這些話以塞責。淳子女士的書可比我這序精彩多了，如予不信，那就請讀者諸君慢慢欣賞、體會吧。

（二○○六年七月二十七日於滬西梅川書舍）

# 「中國最受爭議」作家

**如標**顯所示，這位「中國最受爭議的作家」是二〇〇二年和二〇〇三年度的，是分別位居平面媒體和網路媒體前茅的《南方週末》和「新浪網」評選出來的，她不是別人，正是旅居英倫的女作家虹影。

與虹影首次見面還是在十一年前。那時我正在香港中文大學英文系訪學，某日參加該校新亞書院一個月一次的教授沙龍，被告知趙毅衡先生的夫人也來了。我想自己與趙兄夫婦也算熟人，趙兄是三十年代大詩人卞之琳先生的高足，國內比較文學和符號學研究方面屈指可數的專家，差一點與我有同事之雅，後來趙兄赴美深造到華東師大執教之議就不了了之。但他專攻法文的夫人曾在我主持的中文系資料室任職，合作愉快。因此，這次「他鄉」重逢，理應好好敘舊。誰知見面之後，我才發現自己差一點鬧了大笑話。趙兄夫人已不是我所認識的那位，而是我所不認識的女詩人虹影，一位大方的「川

妹子」。虹影當即贈我剛出版的詩集《倫敦，危險的幽會》，要我「指教」。可惜我對詩是外行，説不出個所以然來，只覺得她的詩頗大膽，與一般多愁善感、沉緬於個人情感體驗的女詩人之作有些不同。

後來就數年不見。再見是在北京，由虹影作東，加上女作家林白、譯界新鋭趙武平，四個人在一家酒吧喝咖啡聊天，那時虹影的創作興奮點已轉移到小説上，作品在臺灣屢屢得獎，名氣大了起來，但人還是一如既往，平易，直爽。記得我當時提及她稍早用筆名在海外出的長篇處女作，她顯然吃了一驚，沒想到我知道她的「底牌」，連説這是不成熟的作品，囑我千萬不要聲張。所以，我在這裏也只能繼續為她保密。

二〇〇〇年夏天，我應邀訪問英國劍橋大學一個月，從而有機會到趙兄家作客小住數日，受到他們夫婦的熱情招待。不過説老實話，虹影的烹飪技術不怎麼高明，以辣為主是可想而知的，但因英國佬的飲食實在糟糕（早餐和下午

陳子善2000年夏在英國棉棉寓所花園
（虹影攝）。

茶除外），以至我在趙兄家的幾頓中式
「打牙祭」就感覺特別美味可口了。
趙兄夫婦又驅車帶我到英格蘭南部風
景如畫的鄉村莊園訪問正在那裏待產的
女作家棉棉，虹影還特意為我和棉棉家
一隻威武的名種大黑狗拍了一張合影，
也算是我這個「愛貓族」同樣也愛狗的
證明。

虹影真會寫，長篇一部接一部，
一部比一部引人注目。但前兩年虹影有
點「流年不利」，先是長篇《饑餓的
女兒》簡體字本版權糾紛，後是長篇
《K》（後易名《英國情人》）引發所謂
「侵犯隱私」官司，虹影大受爭議也是
由此開始的。要命的是這兩部長篇恰恰
是虹影最好的作品，都曾被譯成多種文
字。英國著名作家瑪麗·維斯利稱《饑
餓的女兒》是「一本美麗的、令人難以
忘懷的書，是我們不曾看到的那一部分
中國的史詩，絕對讓人著迷」。 《K》
英譯本更被英國《獨立報》評為二〇〇
二年度十大好書之一。小說所描寫的英
國布魯姆斯伯里文人集團的後起之秀

虹影著《K》臺灣版。

朱利安‧貝爾與三十年代中國女作家凌叔華的情感糾葛是有史實依據的，既驚世駭俗，也從性愛的角度見證了中西文化的衝撞。書中出位的性愛描寫引起爭議是正常的也是必要的，為此而訴諸法律畢竟不是明智之舉。

　　令我佩服的是虹影並不因備受爭議而影響創作心態，又接連獻出長篇《上海王》和中篇《綠袖子》。這兩次出手同樣也再次引起爭議，日前在上海舉行的這兩部小說的研討會上就批評之聲不絕。有不同意見本是好事，後來媒體的報導反而是過份炒作和蓄意引申了。《上海王》未及拜讀，不敢多說。《綠袖子》寫一個在抗戰末期特殊的歷史時刻特殊的男女之間發生的「戀愛加不革命」的出格故事，一個在中國現當代文學中少有的女長男少的畸戀的慘情故事，很另類，也體現了作者的另類追求——對「民族邊緣人」的傾情關懷。而且，虹影這次是要進一步「觸電」了，《上海王》被改編成影視大致已成定局，《綠袖子》改編成影視也在洽談之中。改編成影視的《上海王》和《綠袖子》會不會也成為「中國最受爭議的影視」，且拭目以待。

（原載二○○四年八月《上海電視》月末版）

# 港島會友記略

我每次去香港，幾乎都要先到深圳短暫停留，我戲稱之為訪港前的「熱身」，以至深圳的朋友誤以為我赴港如家常便飯，像生意場上人拿了商務簽證隨時來去自由。其實，我到港的次數並不多。記憶中最初的一次是1990年春參加香港大學中文系主辦的中國當代文學研討會，最近的一次是去年11月訪問香港城市大學圖書館，對該館的中文藏書提供諮詢建議。純粹的旅遊只有一次，即1999年12月底到2000年1月初偕夫人加入旅行團訪港一周，在「一國兩制」的香港迎接新千年的到來。

既為學院中的愛書人（學院中人並非個個愛書的），到了香港遍尋新舊書肆訪書是題中應有之義。除此之外，我每次到港的另一項「重大任務」就是盡可能的拜訪新老文友，以廣結文緣。理由很簡單，我們以前太閉塞，太缺少交流，太自以為是了，必須抓緊時機補上這一課。

當然，余生也晚，葉靈鳳、曹聚仁、徐訏、柳木下這些三、四十年代享譽文壇的「南下」作家是見不到了，馬博良也已移民美國，張愛玲的好友林以亮、三十年代「東北作家群」的代表之一李輝英，雖然生前已有通信聯繫，卻都因身體欠佳，未便貿然打擾，原以為今後還有機會，沒想到成了永久的遺憾。但我還是見到了馬國亮、劉以鬯、鄭子瑜等我所尊重的三、四十年代就已有文名的前輩作家學者，有的進一步成了「忘年交」。著名掌故作家高伯雨，我第一次到港就有幸見到了，雖僅一面之緣。他後來惠寄新著《聽雨樓隨筆》，至今仍是我的珍藏。他去世之後，我又有機會見到他夫人，複印了他保存的知堂老人給他的數十封信札，這是我這些年訪港的幾次新文學史料大收穫之一。另一位與知堂老人有過親密交往，為知堂父子「信得過的朋友」鮑耀明，更是每次到港必要拜訪請益的。他已八十多歲高齡，依然精力充沛，日本、加拿大、美國到處飛，我們見面的話題除了知堂老人還是知堂老人，他在香港出版的《周作人晚年書信》和即將在大陸問世的知堂佚著稿本《童謠研究》及《周作人印譜》，都是知堂研究極為重要的參考資料。還有羅孚，即筆名柳蘇的著名報人，我們相識於北京，重逢在上海，接著就多次在香港歡聚了。這位詩文俱佳的老人不但為人正直，敢講真話，人品文品均為我所欽敬，而且他老人家府上一隻可愛的花貓，對我的到訪頗為友善（貓往往懼怕陌生人，不像狗，主人的友人必親近）。我自己現在也成了「愛貓族」之一員，難說沒受到羅孚的影響。

在港訪友由於時間匆促，經常「趕場子」，一天見四五位是常有的事，有時難免顧此失彼，好在香港地鐵交通發達又方便，不至太

誤事。只是許多師長文友都是「大忙人」，見面都需提前「預約」。如董橋，首次拜訪時他在主持《明報》筆政，甚忙，只能是「禮節性」的。以後熟了，正好又有機會在港多逗留數日，於是就「登堂入室」，盡情欣賞他所珍藏的近現代名人字畫和外國情色藏書票了。陶傑一天要趕寫多個專欄，分身乏術，我們的見面常常是約在晚上十一時以後，夜闌人靜，邊喝咖啡邊談正事，倒也別有情趣。香港科大教授鄭樹森，對西方文學和文化理論的熟稔，在港恐不作第二人想。我1993年在香港中大訪學三個月，他竟忙得不能見一次面，「預約」了幾次都未果，只能「煲電話粥」了，年輕人「煲電話粥」是談情說愛，我們卻是談古論今，尤其對二十年代的文壇舊事有共同的興趣，晚上一談就是一二個小時，不知黎明將至。我為臺灣《聯合文學》月刊編選的梁實秋、葉公超、張愛玲等佚文專輯，就是這樣「煲」出來的。一年之後，由香港著名新文學史料學家小思（盧瑋鑾）作東，我才與「鄭公子」見了面，以研究魯迅聞名港臺文壇的黃繼持也參加了。而今黃繼持已英年早逝，每念及此，不禁愴然。

中國有句古話叫「文人相輕」，文人「相輕」固然大可不必，但文人應該有個性。香港師長文友中特立獨行者大有人在。科學家陳之藩，他的散文我始終認為是一代大家，決非那些文章中文史差錯成百的所謂文化散文家可比。我近年到港，數次與陳之藩見面，他話雖不多，但充滿睿智與幽默，特別是他對我編選的《劍河倒影》大陸版一直耿耿於懷，原因是出版社對某些篇章作了刪節，在出版社方面自然是不得已之舉，對他而言，則是「原則」不能妥協。陳夫人童元方是才女，不但古典文學學養深厚，也寫得漂亮的散文。「香港第

「一健筆」林行止低調寡言，但熱情好客，我兩次到其府上拜訪，都有賓至如歸之感，第二次還在其府上品嘗了果子狸，至今齒頰留香。嶺南大學中文系主任劉紹銘一直為我的職稱抱不平，幾次真誠表示要拔刀相助，古道熱腸，怎不使我感動？他有一個習慣，宴客必在灣仔的「醉湖」，以至我也成了「醉湖」的常客了。至於蔡瀾，首次見面就明言「有錢大家賺」，快人快語如此，實不多見。他還送我一部《肉蒲團》白話本，捧回家一看，原來正是他大筆一揮改寫而成的。寫了《今生此時今世此地：張愛玲、蘇青、胡蘭成的上海》的古蒼梧是「昆曲迷」，那次在中文大學見面，他竟足登解放鞋，也該算香港文人一景了。邁克的「同性戀」散文堪稱香港文壇一絕，但他為人溫文爾雅，與其行文風格形成鮮明對照。我與他首次見面是在他選定的張國榮在銅鑼灣開設的一家幽靜的小咖啡館，由林道群引見。林道群年紀輕輕，以一人之力為香港牛津大學出版社編了那麼多人文社科好書，影響遍及海峽兩岸三地，不能不使人刮目相看。

限於篇幅，這篇小文不可能把我在港訪友的各種經歷一筆寫盡，像詩人兼港澳史料專家方寬烈，新舊詩皆精，不要說在香港就是在大陸也已鮮見了。我首次到港，他擔心我不懂粵語，人地生疏，親自到深圳接我，我與他的交誼是可以專寫一篇長文的。還有《萬象》首任主編陳蝶衣，是惟一一位我想拜訪但至今仍未見面的文壇前輩。我在港與他通過兩次電話，他首先聲明早已脫離文壇，不談文學，但一提起《紅樓夢》，他又滔滔不絕了，真是有意思。確切地說，香港吸引我的不是太平山頂，不是維多利亞港灣，不是海洋公園，也不是蘭桂坊，更不是那些高聳入雲、多看生厭的摩天大廈，香港吸引我的一是

大小書店,二就是那麼多的師長文友,所謂「往來無白丁,談笑有鴻儒」是也。下次如再到香港,我最想見的仍然是這些師長文友,但願他們別來無恙,身筆雙健。

(原載二〇〇三年八月二十三日《深圳商報·週末生活》)

附錄

## 周瘦鵑的紫羅蘭情結

　　記得上個世紀五十年代末的一個星期天，父親帶我去「走親戚」，看望我的一位婆婆，即我外公的妹妹周吟萍。那時我才讀小學五年級，少不更事，只依稀記得這位婆婆雖然頭髮已經花白，仍眉清目秀，風韻猶存，於和藹可親、談吐不俗中顯出大家閨秀的風範。如果我沒有記錯的話，婆婆的住所是現已拆除的烏魯木齊北路上的一幢小洋房，她住在二樓，底層好像住著以寫《黎明的河邊》著名的小說家峻青先生一家。大人間的談話，小孩一般不會感興趣，所以我就好奇的觀察婆婆家古色古香的考究擺設，直至今日仍留有印象。就在這次拜訪後不久，婆婆從上海遷居北京，我再也沒有見過面。

　　二十多年之後，我已從事二十世紀中國文學研究，父親才告訴我，這位我只有一面之緣的婆婆周吟萍，正是中國「鴛鴦蝴蝶派」代表作家周瘦鵑的初戀情人，要不是當年我外公家竭力反對這門自由戀愛的親事，周瘦鵑很可能就成了我的公公了。

　　周瘦鵑（一八九五～一九六八年）是江蘇吳縣人，原名國賢，瘦鵑是他的號。周瘦鵑六歲喪父，母親含辛茹

苦，靠做針線活，才將他撫養成人。周瘦鵑天資聰穎，一九一二年以優異成績畢業於當時上海有名的民立中學，被留校執教。一年之後，因為已發表了不少作品，在上海文壇嶄露頭角，遂辭去教職，開始了長達半世紀的職業寫作生涯，用今天的時髦話說，就是成了一名「自由撰稿人」。

對後來以號為名，周瘦鵑自己解釋：「最帶苦相的要算是我的『瘦鵑』兩字。杜鵑已是天地間的苦鳥，常在夜半啼血的，如今加上個『瘦』字，分明是一頭啼血啼瘦的杜鵑。這個苦豈不是十足的苦麼？」由此可見，周瘦鵑以「苦」為號為名，既有永記早年貧苦生活之意，更有今後賣文維生不辭辛苦的深意在。

正是在中學求學期間，周瘦鵑去觀看上海務本女子中學的聯歡演出，見到一位名叫周吟萍的秀麗女生，臺上表演生動活潑，臺下應對也端莊大方，從此一見傾心，熱烈追求。兩人情書往還頻繁，山盟海誓，情意綿綿。誰知有情人

早年的周瘦鵑。

難成眷屬，我外公家數代經商，家道殷實，很看不起周瘦鵑這個窮學生，認為門不當，戶不對，強行拆散這對戀人，將周吟萍另行婚配了。

初戀的慘敗給周瘦鵑打擊極大，幾乎影響了他的一生。與今天的年輕人一樣，當時的中學生已流行取洋名，周吟萍的英文名叫Violet（紫羅蘭）。失戀之後，周瘦鵑就愛紫羅蘭成癖，不但案頭清供紫羅蘭花盆，朝夕相對，而且每天早晚兩次澆水必定躬親。他寫文章寫信也都用紫羅蘭色墨水，實在是浪漫得可以。他主編的「鴛鴦蝴蝶派」文學雜誌兩度取名《紫羅蘭》（也就是在四十年代的《紫羅蘭》上，周瘦鵑慧眼識寶，發表了張愛玲的處女作《沉香屑：第一爐香》，促成了一顆文學新星冉冉升起），還主編了《紫蘭花片》、《紫羅蘭言情叢刊》等刊。他結集自己的作品以紫羅蘭為書名的也竟有《紫羅蘭集》、《紫羅蘭外集》、《紫羅蘭庵小品》、《紫蘭小語》、《紫蘭芽》等五種之多，正如他自己所說的：「那段刻骨傷心的戀史，以後二十餘年間，不知費了多少筆墨。」「我的那些如泣如訴的抒情作品中，始終貫串著紫羅蘭這一條線，字裏行間，往往隱藏著一個人的影子。」

作為「鴛鴦蝴蝶派」的傑出代表，早期周瘦鵑的文學成就包括了小說創作、翻譯和編輯，在這三方面他都有相當出色的表現。他的小說創作不但數量可觀，而且以「哀情」為其主要特色，這當然與他的性格和經歷有關。另一位「鴛鴦蝴蝶派」名作家陳小蝶就有詩云：「彌天際地只情字，如此鍾情世所稀。我怪周郎一枝筆，如何只會寫相思」。

周瘦鵑的文學翻譯在當時也有不小的影響，他是向國人介紹蘇俄大文豪高爾基的第一人，他翻譯的《歐美名家短篇小說叢刊》受到

「周氏兄弟」（魯迅、周作人）的高度評價，魯迅以「昏夜之微光，雞群之鶴鳴」來形容周瘦鵑的譯筆。特別是周瘦鵑所主編的《禮拜六》和《申報·自由談》，不但是「鴛鴦蝴蝶派」的重鎮，也是新文學陣營向「鴛鴦蝴蝶派」發難的主要對象（「鴛鴦蝴蝶派」因此又被稱為「禮拜六派」）。他還主編過《半月》、《遊戲世界》、《樂觀》、《申報·春秋》等鴛鴦蝴蝶派重要刊物，甚至《良友畫報》也一度請他主持筆政。正是因為周瘦鵑在「鴛鴦蝴蝶派」中舉足輕重的地位，一九三六年中國文藝界人士聯合發表抗日禦侮宣言，周瘦鵑和張恨水兩人就作為「鴛鴦蝴蝶派」的代表列名其中，可謂名實相符。

一九三五年，周瘦鵑在蘇州購地自建園林，命名「紫羅蘭庵」，又名「紫蘭小築」。園內遍植四時奇花異卉，並特別將紫羅蘭花闢成一專區，精心栽植，以寄託他不盡的相思。也就是在此前後，周瘦鵑開始了從文學家、編輯家向園藝家、盆景家的過渡，從小說家向

周瘦鵑散文集《花木叢中》。

散文家的過渡。後期周瘦鵑以擅長蒔花
散文著稱。五十年代以後，周瘦鵑出版
了《花前瑣記》、《花花草草》、《行
雲集》……等散文小品集。他愛花，愛
生活中一切美好的事物，這些蒔花散文
傾注著他對花卉（不僅僅是紫羅蘭）的
一往情深，知識、趣味與抒情兼備，為
二十世紀中國散文寫作開闢了一條詠物
散文的新路。

晚年的周瘦鵑本可在他的紫羅蘭
庵裏蒔花撰文，安享清福，不料禍從天
降。因為他這所精緻奇趣的「紫羅蘭
庵」遠近聞名，成為蘇州一景，朱德、
陳毅等中共領導人曾經親臨且有詩詠
之，在史無前例的「文化大革命」中，
周瘦鵑就難逃這一劫了。他的花園被夷
為廢墟，書畫詩文流離失散，一九六八
年七月十八日，被批為「玩物喪志」的
「牛鬼蛇神」周瘦鵑，不堪紅衛兵凌
辱，在紫羅蘭庵裏投井自盡。

周吟萍遇人不淑，離異後一直獨
身，直至晚年才找到好歸宿，九十年代
初在北京去世。我八十年代多次進京，

晚年的周吟萍。

現在後悔由於自己的矜持，沒能找機會向婆婆當面請教她當年與周瘦鵑相戀的始末（婆婆的老伴是一位著名的愛國民主人士，生前擔任全國政協副主席的要職），這也是近代文學史料啊。只是後來好友陳建華兄在哈佛大學撰寫研究周瘦鵑的博士論文，我請父親檢出婆婆晚年風韻猶存的一張照片相贈，將來建華兄的博士論文出版，也許會刊用的。我經常在想，當周瘦鵑和我婆婆在天國相聚時，他們之間會說些什麼呢？至少有一點，我這位紫羅蘭婆婆應該為有周瘦鵑這樣的癡情知己而感到欣慰和自豪吧！

今年是周瘦鵑離開人世三十五周年，謹以這篇小文紀念這位紫羅蘭庵主，並作為臺灣「天下文化」出版周瘦鵑的《花語》攝影珍藏版的代序。

（選自2003年8月臺北天下遠見出版公司初版《花語》）

# 被誤解的陸小曼

　　民國時期的名媛才女，陸小曼是名副其實的一位。當年不比今日，是歌星影星球星的一統天下，詩人之妻，而且是位再婚的，也一再被大報小報「娛記」所追捧，所津津樂道，自然，同時也被誤解，被歪曲。直至陸小曼死後三十多年，電視連續劇《人間四月天》播放，劇中的陸小曼仍不為人所理解，所接受。

　　陸小曼雖然自幼被父母視為掌上明珠，嬌生慣養，卻並不是徒有漂亮，腹笥空空的女子。她受過良好的教育，又頗有天分，對文學、美術、音樂和戲劇都有造詣。今天我們能夠讀到的她與徐志摩的愛情日記，兩地情書，是多麼纏綿，多麼濃烈，不僅是「五四」以來新文學情愛作品中的奇葩，也足以成為當今熱戀中男女表白愛情的範本。她與徐志摩擁抱，並不落入才子佳人的俗套，可以毫不誇張地說，是才子＋才女的結合，十分難得。

　　有人以徐志摩未能與林徽因結合為憾，又以徐志摩與陸小曼結合為恨，實在是只知其一不知其二的皮相之見。

　　我們應該明白，陸小曼的才情是被徐志摩的盛名所掩了。這在男權中心的社會中是常有的事，不足為奇。

陸小曼1943年作《晚渚輕煙》圖。

其實，早在徐志摩生前，陸小曼就與他合作過話劇《卞昆岡》，連為之作序的話劇大師余上沅也不得不承認小曼「在故事及對話上的貢獻」。

陸小曼還搞過翻譯，在徐志摩「飛天」之後寫過新詩（她的舊體詩也不錯），寫過情摯意切的悼念散文，寫過頗獲好評的小説。她的畫作，也一再受到國畫大師劉海粟、賀天健等的肯定。四十年代初，她的「山水（畫）潤例」，已與大畫家吳湖帆等人的相差無幾。至於她的京昆演唱，儘管還是「票友」水平，但在當時也受到過戲劇界的讚譽。

試想想，這樣藝文兼美的才女在民國名人的妻子中還能找出幾位？論文采風流，林徽因只是稍勝一籌，魯迅夫人許廣平也不過如此，至於被郁達夫先是愛得死去活來、後又恨得斥為「下堂妾」的王映霞，就更是等而下之了。

平心而論，陸小曼有點懶散，有點任性，她所欠缺的不是容貌，不是才華，而是不會理財，有點揮霍無度；也

不大會待人接物，對徐志摩也一度缺乏
應有的理解。但女人愛化妝，喜打扮，
講排場，可能是天性愛美使然，見過大
世面的習慣使然，不必過分苛責。

徐志摩英年早逝，對陸小曼而言，
猶如晴天霹靂。打擊之大，用她自己的
話說「蒼天如何給我這樣慘酷的刑罰
呢！從此我再不信有天道，有人心，我
恨這世界，我恨天，恨地，我一切都
恨！」雖然陸小曼後來曾與關心她的翁
瑞午同居，但始終未與他正式結婚，她
一直深愛著徐志摩。

陸小曼1947年作〈牡丹與綠葉〉。

從上個世紀三十年代至六十年代，
陸小曼忍受著極大的痛苦和種種流言蜚
語，一直為整理出版徐志摩遺著而奔走
呼號，盡心盡力。

有這樣一個美麗的傳聞。一九五〇
年代某一天，早年讀過徐志摩作品，並
與徐志摩有文字交，時任上海市市長的
陳毅在參觀一個畫展時，為一幅署名陸
小曼的國畫所吸引，當他被告知這位陸
小曼正是徐志摩的未亡人時，立即指示
要照顧她的生活，發揮她的才華。於是

陸小曼時來運轉，被聘為上海市文史館員，得以安享晚年。

　　儘管直至去世，陸小曼未能親見徐志摩遺著的出版，但她的工作為後人的徐志摩研究打下了基礎，開啟了窗戶，鋪平了道路。今天我們的徐志摩研究得以不斷進展，是不能不深深感謝陸小曼的。

　　《人間四月天》揚張（徐志摩第一任妻子張幼儀）捧林（林徽因）抑陸（陸小曼），實在毫無道理。張幼儀虛偽，林徽因矯情，只有陸小曼最真誠。

　　也許是偏見，如果要在三者之中作一選擇，筆者是寧取陸小曼而棄張幼儀和林徽因的。


　　　　　　　（原載二○○三年十二月《上海電視》月未版試刊）

# 陳逸飛走了

　　陳逸飛走了，才五十九歲，才得那麼突然、那麼匆忙，令人震驚，也令人痛惜。其實，著名文化人不到花甲之年驟然病故並不少見，魯迅五十六歲，錢玄同五十二歲，徐悲鴻五十八歲，劉半農四十三歲。只是陳逸飛執導電影《理髮師》未及殺青就齎志而歿，不能不使人加倍扼腕。

　　「隔行如隔山」，我與陳逸飛並不相識。數年前在版本學家、散文家黃裳先生八十大壽的宴席上，與鄰桌正款待洋人的陳逸飛相望，他當然不認識我，而我卻認識他。那時的陳逸飛可用神采飛揚四個字來形容，同桌的歷史學家唐振常先生還調侃的說：「搞藝術的真神氣！」

　　「藝術家中最成功的商人，商人中最成功的藝術家」，人們這樣評價陳逸飛，也不知是褒還是貶，對陳逸飛的繪畫創作，藝術圈裏也有很大的爭議。但我認為陳逸飛至少是真誠的、可愛的。他從不諱言自己要賺錢，賺大把大把的錢，目的是為了玩藝術，為了他那「大視覺，大美術」的理想。沒有錢可是什麼也玩不成的。陳逸飛也真會玩，玩得真好，真的是有聲有色。

從油畫〈佔領總統府〉到〈潯陽遺韻〉，從電影《海上舊夢》到《人約黃昏》，他總是得風氣之先，在不同歷史時期參與製造了「紅色經典」熱和「上海懷舊」熱，引領了彼時的時尚和當下的時尚，不能不令人刮目相看。

被視作上海標誌性建築的「新天地」，我一直不敢恭維，雖然它在商業上的巨大成功是顯而易見的，我總覺得它是在「掛羊頭賣狗肉」，很少去湊熱鬧。但「新天地」裏有一個去處卻給我留下了不俗的印象，那就是陳逸飛創辦的「逸飛之家」。有人稱「逸飛之家」佔領了「時尚根據地」（這是「新天地」的代名詞）的至高點，我卻分明在店中簡潔、精緻、鮮麗的陳列中，看到了陳逸飛作為視覺藝術家的獨特藝術品味和審美情趣，記得我還在店裏選購過一些別致的小擺設。

從前年開始，雄心勃勃的陳逸飛又策劃打造了被譽為中國視覺藝術第一品牌的「逸飛視覺」叢書，從已經推出的第一輯來看，確實是琳琅滿目，用陳逸飛自己的話說，這是「一種嶄新的出版形式」，「採用雜誌的新資訊，加上精緻書籍的收藏性」。在我看來，這類豪華精美、給讀者震撼的視覺享受的「逸飛圖書」，是更適合都市白領如中產階層愛書人消受的。

陳逸飛走了，紀念之餘、感歎之餘，對這位中國畫家從事視覺文化產業的先驅者、成功者，對他在油畫、電影、電視、雕塑、服飾、傢俱、雜誌、出版、模特公司、網路、平面設計、環藝設計、藝術教育等眾多方面留下的已成或未竟的文化遺產，功過得失。如何評價，如何繼承發揚，很值得圈內圈外的有識之士關注探討。

　　走筆至此，得知香港著名電影製作人、陳逸飛好友吳思遠已正式接棒導演《理髮師》，他決心保持已完成的影片中所體現出來的鮮明的陳逸飛風格，陳逸飛應可含笑九泉了。

　　（原載二〇〇五年四月二十四日香港《明報・世紀》）

陳逸飛等作《魯迅艱苦奮鬥生活片斷》插圖。（此書署石一歌著，1975年上海人民出版社初版）。

# 世紀映像叢書

# 世紀映像叢書

9. 數風流人物─梁啟超、徐志摩、陳獨秀、雷震
   吳銘能・著

10. 文學風華─戰後初期13著名女作家
    應鳳凰・著

11. 李長之和他的朋友們
    于天池、李書・合著

12. 丁文江圖傳
    宋廣波・著

13. 走過的歲月─一個治史者的心路歷程
    陳三井・著

14. 一代漂泊文人
    姚錫佩・著

15. 另眼看作家
    蔡登山・著

16. 情多處處有戲─賈馨園談戲曲
    賈馨園・著

# 世紀映像叢書

國家圖書館出版品預行編目

素描：中國現當代作家印象 / 陳子善著. -- 一版.
-- 台北市：秀威資訊科技, 2007.12
　　面；　公分. --（語言文學；PG0159）

ISBN 978-986-6732-39-3（平裝）

1.中國當代文學　2.作家　3.傳記　4.中國

782.248　　　　　　　　　　　　　　96022842

語言文學　PG0159

## 素描──中國現當代作家印象

作　　者 / 陳子善
主　　編 / 蔡登山
發 行 人 / 宋政坤
執行編輯 / 黃姣潔
圖文排版 / 陳湘陵
封面設計 / 李孟瑾
數位轉譯 / 徐真玉、沈裕閔
圖書銷售 / 林怡君
法律顧問 / 毛國樑　律師
出版印製 / 秀威資訊科技股份有限公司
　　　　　台北市內湖區瑞光路583巷25號1樓
　　　　　電話：02-2657-9211　傳真：02-2657-9106
　　　　　E-mail：service@showwe.com.tw
經 銷 商 / 紅螞蟻圖書有限公司
　　　　　台北市內湖區舊宗路二段121巷28、32號4樓
　　　　　電話：02-2795-3656　傳真：02-2795-4100
　　　　　http://www.e-redant.com

2007 年 12 月　BOD 一版
定價：　300 元

# 讀　者　回　函　卡

感謝您購買本書，為提升服務品質，煩請填寫以下問卷，收到您的寶貴意見後，我們會仔細收藏記錄並回贈紀念品，謝謝！

1.您購買的書名：＿＿＿＿＿＿＿＿＿＿＿＿＿＿＿＿＿

2.您從何得知本書的消息？

　　□網路書店　　□部落格　　□資料庫搜尋　　□書訊　　□電子報　　□書店

　　□平面媒體　　□ 朋友推薦　　□網站推薦　　□其他＿＿＿＿＿＿

3.您對本書的評價：(請填代號　1.非常滿意 2.滿意 3.尚可 4.再改進)

　　封面設計＿＿＿　版面編排＿＿＿　內容＿＿＿　文/譯筆＿＿＿　價格＿＿＿

4.讀完書後您覺得：

　　□很有收獲　　□有收獲　　□收獲不多　　□沒收獲

5.您會推薦本書給朋友嗎？

　　□會　　□不會，為什麼？＿＿＿＿＿＿＿＿＿＿＿＿＿＿＿＿＿

6.其他寶貴的意見：＿＿＿＿＿＿＿＿＿＿＿＿＿＿＿＿＿

　　＿＿＿＿＿＿＿＿＿＿＿＿＿＿＿＿＿＿＿＿＿＿＿＿＿

　　＿＿＿＿＿＿＿＿＿＿＿＿＿＿＿＿＿＿＿＿＿＿＿＿＿

　　＿＿＿＿＿＿＿＿＿＿＿＿＿＿＿＿＿＿＿＿＿＿＿＿＿

## 讀者基本資料

姓名：＿＿＿＿＿＿＿＿＿　年齡：＿＿＿＿　性別：□女 □男

聯絡電話：＿＿＿＿＿＿＿　E-mail：＿＿＿＿＿＿＿＿＿

地址：＿＿＿＿＿＿＿＿＿＿＿＿＿＿＿＿＿＿＿＿＿＿＿

學歷：□高中(含)以下　　□高中　　□專科學校　　□大學

　　　□研究所(含)以上 □其他＿＿＿＿＿＿＿＿

職業：□製造業 □金融業 □資訊業 □軍警 □傳播業 □自由業

　　　□服務業 □公務員 □教職　　□學生 □其他＿＿＿＿＿

To：114

台北市內湖區瑞光路 583 巷 25 號 1 樓

秀威資訊科技股份有限公司　　　收

寄件人姓名：

寄件人地址：□□□

------------------------------------------------

(請沿線對摺寄回,謝謝!)

## 秀威與 BOD

BOD（Books On Demand）是數位出版的大趨勢，秀威資訊率先運用 POD 數位印刷設備來生產書籍，並提供作者全程數位出版服務，致使書籍產銷零庫存，知識傳承不絕版，目前已開闢以下書系：

一、BOD 學術著作—專業論述的閱讀延伸
二、BOD 個人著作—分享生命的心路歷程
三、BOD 旅遊著作—個人深度旅遊文學創作
四、BOD 大陸學者—大陸專業學者學術出版
五、POD 獨家經銷—數位產製的代發行書籍

BOD 秀威網路書店：www.showwe.com.tw
政府出版品網路書店：www.govbooks.com.tw

永不絕版的故事‧自己寫‧永不休止的音符‧自己唱